ADELGAZAR PARA SIEMPRE

COLECCIÓN

AUTOAYUDA

ADELGAZAR PARA SIEMPRE

Cómo tomar la decisión libre,
irreversible y voluntaria de adelgazar
para no engordar nunca más

◆

ANA MARTOS

Neo Person

Primera edición: marzo de 2003
Segunda edición: septiembre de 2005

Título original: *Adelgazar para siempre*

Ilustraciones: Alfredo Hernando
Diseño de portada: Rafael Soria

© Ana Martos, 2003

De la presente edición en castellano:
© Neo Person Ediciones, 2003
   Alquimia, 6
   28933 Móstoles (Madrid) - España
   Tels.: 91 614 53 46 - 91 614 58 49
   E-mail: editorial@alfaomega.es
   www.alfaomega.es

Depósito Legal: M. 35.776-2005
I.S.B.N.: 84-88066-28-7

Impreso en España por Artes Gráficas COFÁS, S. A. - Móstoles (Madrid)

Al equipo médico de mi pueblo,
que sabe mucho de esto

En la poesía

A UNA MUJER ESCUÁLIDA

Yace en esta losa dura
una mujer tan delgada
que en la vaina de una espada
se trajo a la sepultura

Aquí el huésped notifique
dura punta o polvo leve
que al pasar no se la lleve
o al pisarla no se pique

BALTASAR DEL ALCÁZAR

LA CANCIÓN DE LA GORDA

CON CIEN kilos por banda
viento en popa a la deriva,
va la gorda sensitiva
lo mismo que un galeón,

torpedo a quien todos llaman
doña Paca, doña Aurora,
doña Inés, doña Isidora
y a veces, doña Asunción.

Orondas y cebaditas,
rubicundas, mantecosas
frescachonas y lardosas
desde el moño al borceguí,

en su carnoso apogeo,
desde el cenit de su enjundia,
con facundia y con gerundia,
las gordas dicen así:

Veinte cócteles he deshecho
a despecho del corsé
y me puse como el Quico
con el rico canapé.

Que es el queso mi tesoro,
que es el pollo mi ilusión,
mi vida, cerveza y gambas,
mi única patria, ¡el jamón!

JORGE LLOPIS

Índice

Introducción

*E*STE LIBRO no pretende establecer un régimen de adelgazamiento para perder unos cuantos de esos kilos que nos sobran. Pretende, eso sí, que el lector tome conciencia de los motivos de su sobrepeso y que aprenda a distinguir entre la obesidad debida a causas biológicas, por un lado, y el sobrepeso producido por una conducta alimentaria inadecuada, por otro. Si es ése tu caso, estas páginas te llevarán a responsabilizarte de tu comportamiento, a que obtengas la motivación necesaria para corregirlo y a que tomes la decisión libre, irreversible y voluntaria de adelgazar y no volver a engordar nunca jamás.

Se trata, por tanto, de adquirir un compromiso totalmente consciente y personal únicamente frente a ti mismo, que invalide las presiones del entorno y cuyo logro se apoya en la motivación interna, la autoestima, el refuerzo y la evitación de la ansiedad y de los sentimientos de culpa. A lo largo de la obra comprenderás los porqués de ese comportamiento; sabrás qué te impulsa a mantenerlo; aprenderás a fortalecer tu autoestima, a eliminar de tu esfera de sentimientos el malestar de la ansiedad y la inquietud de la culpa; encontrarás el camino para disfrutar de lo que hasta ahora te ha estado vedado, y harás surgir en tu interior la motivación que te conduzca a la meta inestimable de ser como siempre quisiste ser. Por supuesto, adelgazando para siempre.

No es, por tanto, un libro de regímenes alimenticios, ni una lista de los alimentos que engordan, ni una anotación de calorías o carbohidratos, ni una tabla de pesos ideales. Es una metodología sencilla y práctica para conseguir desaprender la conducta inadecuada, para aprender la adecuada y para mantenerla a lo largo de tu vida. Es un método fácil de comprender, fácil de poner en práctica y fácil de convertir en una forma de conducta.

Numerosas personas han seguido este procedimiento y han conseguido resultados no sólo excelentes, sino permanentes. Sus testimonios nos han servido para consolidar la efectividad de las normas e instrucciones que lo rigen y nos servirán para reforzar las pautas a seguir.

Y puesto que las instancias absolutas que conducen el comportamiento humano son independientes del lugar y de las modas, este método es válido para alcanzar tan inestimable meta en cualquier condición, circunstancia o lugar.

Capítulo 1
La obesidad, una epidemia de nuestro tiempo

*L*A OBESIDAD ES, según la Organización Mundial de la Salud, una epidemia del siglo XXI que preocupa a todos los médicos del mundo occidental. Sus causas son numerosas y sus resultados son más o menos previsibles. Los avances científicos de los últimos años han permitido ampliar el conocimiento y las expectativas de tratamiento de esta enfermedad; pero, dadas sus implicaciones estéticas, la obesidad es también objeto de especulación comercial y, por tanto, conviene conocer lo que hay de cierto y de oscuro en cuanto a la información que día a día nos llueve desde los medios de comunicación, la literatura, la publicidad y el boca a boca.

QUÉ ES LA OBESIDAD

La comunidad científica define la obesidad como una acumulación *excesiva* de grasa en el tejido adiposo, que origina un aumento de peso con respecto al que corresponde según la estatura, el sexo y la edad. El tejido adiposo está en nuestro organismo precisamente para almacenar grasas que nos aporten las calorías o energía precisas para desarrollar nuestras tareas.

Pero cuando hablamos de obesidad, hablamos de exceso. Y en ese exceso hay, naturalmente, grados. La cifra en la que sobrepasamos la cantidad de grasa necesaria es la que determina el grado de obesidad que nos aqueja.

La obesidad es, grosso modo, todo aumento de peso que sobrepase el 20 por 100 del peso ideal de la persona. La obesidad se llama discreta cuando excede el peso ideal en un 15 por 100 y se llama grave cuando lo excede entre un 25 y un 50 por 100. Luego hablaremos del peso ideal, de cómo se obtiene y de su relación con el esquema corporal, lo que tiene mucho de discutible. Pero, en principio, hay que considerar obesidad el exceso de peso según una edad, un sexo y una talla determinados. Claro que hay también excepciones, como en todas las reglas. Por ejemplo, los deportistas suelen tener un peso superior al que les corresponde, pero su exceso no son grasas acumuladas, sino una masa muscular más desarrollada que en las demás personas.

Según un estudio publicado en *Mundo Científico* (núm. 213, junio 2000), la obesidad es privativa de los países desarrollados porque, en los subdesarrollados, las gentes no se alimentan lo suficiente y, además, dado que allí carecen de las comodidades que rodean la vida de los habitantes de los países ricos, el esfuerzo físico que deben realizar para cualquier tarea impide que la obesidad se instale. Esto viene a relacionar la obesidad con el uso y abuso de tecnologías domésticas que ponen a nuestra disposición, desde niños, un conjunto creciente de aparatos que nos liberan incluso de levantarnos del sillón para poner en marcha el tocadiscos o cambiar el canal del televisor.

Precisamente, dicho estudio recoge la afirmación de algunos especialistas, según los cuales la única solución para el problema de la obesidad en los niños podría ser obligarles a pedalear para que la televisión funcionase. Siguiendo esta línea, sería también interesante que los fabricantes de nuevas tecnologías se decidieran por crear lavadoras rebeldes, que fuera necesario domar por los pasillos látigo en ristre, aspiradoras volátiles o accesos a internet a pedales.

El mismo artículo señala que la obesidad es más frecuente en los niveles socioeconómicos bajos, porque el tipo de alimentación suele ser abundante en hidratos de carbono y pobre en proteínas. A esto podemos añadir que también es probable que se deba a que los ingresos de la gente de esos niveles no dan para dietas, aeróbics ni liposucciones. Tampoco dan para comidas rápidas, que suelen ser una trampa de calorías para el organismo y de dinero para el bolsillo.

Y no creas que la obesidad es una enfermedad leve o de poca importancia. Recientes estudios sobre su creciente frecuencia en nuestro mundo occidental han puesto a la Organización Mundial de la Salud en alerta. En el estudio que nos ocupa, el jefe clínico de endo-

crinología de la Unidad de Obesidad del Hospital General Gregorio Marañón, de Madrid, declara la preocupación de los médicos ante el considerable aumento del número de personas obesas que se aprecia en cada década, sobre todo por las implicaciones que tal enfermedad tiene como factor de riesgo para otros aspectos de la salud humana: diabetes, hipertensión y posibilidad de padecer enfermedades cardiovasculares, sin mencionar los trastornos psicosociales asociados como la pérdida de la autoestima, la insatisfacción ante la propia imagen, el temor al rechazo social y toda la sintomatología que acompaña a una enfermedad que tiene la capacidad de interferir en numerosas actividades de nuestra vida cotidiana, que parece estar hecha para personas delgadas.

Tan importante es esta enfermedad que, en 1989, se creó la Sociedad Española para el Estudio de la Obesidad (SEEDO), dedicada a investigaciones y estudios epidemiológicos sobre la obesidad en España. En 1995, esta institución elaboró un documento: *Consenso para la evaluación del sobrepeso y la obesidad y el establecimiento de criterios de intervención terapéutica*. Desde 1996, la SEEDO viene celebrando, cada cuatro años, el «Día de la persona obesa», en el que difunde toda la información recopilada durante ese período, gracias a lo cual podemos conocer detalles interesantes relacionados con el sobrepeso, sus causas y tratamientos.

Por ejemplo, tras el estudio *SEEDO'97, Prevalencia de la obesidad en España*, sabemos que el índice de obesidad en nuestro país es del 13,4 por 100. En este porcentaje, las mujeres les ganamos por la mano a los hombres no sólo en España, sino prácticamente en todos los demás países. Parece ser que la mayor tasa de obesidad se da en mujeres, siendo mayor el número de casos cuanto menor es el nivel de estudios y cuanto mayor es la edad. En nuestro país hay un 15,2 por 100 de mujeres obesas frente a un 11,5 por 100 de hombres. Y la obesidad femenina aumenta entre los cuarenta y cinco y los sesenta años de edad.

De toda la población obesa española, dice el estudio *SEEDO'97* que el 0,5 por 100, es decir, cinco de cada mil, sufren lo que se llama obesidad morbosa u obesidad mórbida (mórbida y morbosa son sinónimos médicos para indicar enfermedad), denominada así cuando el peso real excede al menos en un 40 por 100 al peso normal.

LO MÍO QUÉ ES: ¿OBESIDAD O GORDURA?

Hemos hablado de porcentajes de kilos que exceden el peso normal y también hemos mencionado la obesidad discreta, grave y mórbida. Veremos a continuación unos cálculos sencillos y prácticos para averiguar si nos podemos encuadrar en el grupo de los «rellenos», de los «gordinflones» o de los «obesos mórbidos».

Según los convenios internacionales aceptados en 1998, la obesidad se mide con un indicador que relaciona el peso y la estatura corporal, y que se expresa con una fórmula que así, de golpe, parece complicada pero que no lo es. El indicador se llama IMC, que significa Índice de Masa Corporal, que es el número de kilos que contiene nuestro cuerpo por metro cuadrado de superficie. El Índice de Masa Corporal se obtiene con la fórmula siguiente:

CUADRO I

$$I M C = peso \ (kg)/talla^2 \ (m)$$

(Peso [en kilos] dividido por altura [en metros] elevada al cuadrado.)

FUENTE: *JANO, Medicina y Humanidades,* vol. 62, núm. 1418, 8 febrero 2002.

Veamos un par de ejemplos:

1. Marcelino pesa 102 kilos y mide 1,70 metros.
   Para averiguar su Índice de Masa Corporal, hacemos el cálculo:

   • 1,70 elevado al cuadrado = 2,89 metros cuadrados.
   • 102 kilos divididos entre 2,89 metros = 35,29 kilos por metro cuadrado.
   • 35,3 es el IMC de Marcelino.

2. María pesa 75 kilos y mide 1,62 metros. Hacemos el cálculo como sigue:

   • 1,62 elevado al cuadrado = 2,62 metros cuadrados
   • 75 kilos divididos entre 2,62 metros = 28,58 kilos por metro cuadrado.
   • 28,6 es el IMC de María.

CUADRO 2

Grado de obesidad en función del Índice de Masa Corporal (según la Organización Mundial de la Salud)

IMC 18,5 a 24,9 = peso normal
IMC 25,0 a 29,9 = sobrepeso
IMC 30,0 a 39,9 = obesidad
IMC ≥ 40 = obesidad mórbida

FUENTE: *JANO, Medicina y Humanidades*, vol. 62, núm. 1418, 8 febrero 2002.

Para conocer el grado de obesidad (o no, ahora lo veremos) de Marcelino y de María, recurrimos al cuadro 2, que nos dice que cuando el IMC está entre 25 y 29,9, como es el caso de María, la persona padece sobrepeso. Pero cuando el IMC es superior a 30, la persona padece obesidad, aunque no llegue a la obesidad extrema, que está por encima de 39,9. Es el caso de Marcelino.

LO QUE LA OBESIDAD LLEVA CONSIGO

Todos sabemos que la obesidad no es solamente un problema de estética; también sabemos que ser obeso no es solamente una pesadilla a la hora de comprarse ropa, de agacharse a desenchufar el aspirador o de mirar con el rabillo del ojo la envidiable figura de unos o de otras.

El estudio *SEEDO'97*, citado anteriormente, estableció el concepto de «peso saludable» para el peso corporal asociado a menores riesgos de enfermedad. Eso significa que la obesidad se considera un factor de riesgo común a muchas enfermedades crónicas, a complicaciones médicas e incluso, ¡cómo lo sabemos!, a problemas de imagen corporal. Pero no quiere decir que el hecho de estar gordo implique desarrollar necesariamente otras patologías, aunque sí aumenta las posibilidades de sufrirlas.

Los riesgos para la salud y de enfermedades asociadas aumentan vertiginosamente a medida que se agranda el Índice de Masa Corporal (IMC). Veámoslo en el cuadro 3.

CUADRO 3

Índice de Masa Corporal	Riesgo para la salud	Riesgo para enfermedades asociadas
Hasta 25	Mínimo	Bajo
Del 25 al 27	Bajo	Moderado
Del 27 al 30	Moderado	Alto
Del 30 al 35	Alto	Muy alto
Del 35 al 40	Muy alto	Extremadamente alto
Mayor del 40	Extremadamente alto	Extremadamente alto

Las enfermedades asociadas a la obesidad son las siguientes:

• Diabetes.
• Arteriosclerosis.
• Hipertensión arterial.
• Cardiopatías.
• Cáncer de mama, ovario, endometrio y vesícula.
• Trastornos menstruales.
• Infertilidad.
• Artrosis de rodillas y caderas.
• Depresión y ansiedad.
• Complicaciones con la anestesia en caso de cirugía.

Nota: Puedes obtener información detallada al respecto en las páginas de la Sociedad Española para el Estudio de la Obesidad en internet, en la dirección http://www.seedo.es. Si te interesa, puedes suscribirte gratuitamente al boletín *Mail@lert*, que llegará puntualmente a tu buzón de correo electrónico, para informarte de todas las novedades que se produzcan en torno a la obesidad, sus peligros y los avances médicos y tecnológicos para su tratamiento.

Podríamos ahora hablar de las numerosas y dolorosas consecuencias psicológicas y sociales que la obesidad lleva consigo. Ya no se trata sólo de la sensación que tiene de venir de otro planeta el obeso o la obesa que entra en una tienda de ropa e intenta probarse una prenda. Suele resultar bastante doloroso comprobar que nada está hecho para el obeso; que el mundo que nos rodea está creado y comprendido por y para personas de talla media o más bien pequeña; que las butacas de los cines, los asientos del autobús, el acceso al asiento trasero de un coche, los retretes de muchos establecimientos públicos, los aviones y tantas otras cosas están pensados para gente esbelta, ágil y que abulta poco.

Sobre esto hay una anécdota que puede poner en nuestro rostro regordete un rictus de amargura o una sonrisa de solidaridad, según nos encontremos. El 5 de junio de 2000, la revista médica *Escepticemia* publicó un artículo titulado *Aviso para gordos* en el que informaba de las medidas adoptadas por las autoridades italianas para evitar un nuevo exceso de inclinación de la torre de Pisa: prohibir el acceso a obesos. Ya dice el autor que bien podían haber limitado el número de visitantes, pero los guardianes del monumento fueron tajantes y únicamente permitieron el acceso a niños y adultos delgados.

También hay que hablar del malestar del obeso cuando se encuentra con una amistad de la infancia que mantiene el mismo tipo desde el colegio. O con el amigo o la amiga que han luchado denodadamente contra la obesidad y ¡la han vencido! Ese dolorcillo errático y casi burlón que surge en tu interior cuando compruebas que otros lo han conseguido es la simiente de los sentimientos de frustración, de pérdida de autoestima, de autocompasión, de autodesprecio y de tantas sensaciones invasivas contra las que has aprendido a enarbolar un despectivo ¿y qué? que no siempre te salva del mal rato.

La autoestima disminuye con la visión de nuestra imagen deformada y, en ocasiones, grotesca; pero disminuye mucho más con la percepción de nuestra incapacidad para vencer la tentación, para emprender una tarea de autorrecuperación, para someternos de una vez por todas a las normas que nos hemos fijado un millón de veces y lograr nuestro propósito por una vez en la vida. Y sin autoestima, somos muy poca cosa. La autoestima es algo tan importante como el amor que sentimos por nosotros mismos. Y perderlo es mucho más doloroso que perder el amor de la pareja o del mejor amigo. Por mucho que nos duela sentir como un aguijón la mirada despectiva de otro sobre nuestras grasas aparatosas, mucho más nos duele sentir nuestra propia reprobación ante lo que hemos hecho de nosotros mismos.

Estos y otros malestares lleva consigo la obesidad, queridos lectores. Tú sabes un montón de todo ello y sin duda te preguntas muchas cosas. ¿Te has preguntado acaso por qué otros lo han conseguido y tú no? ¿Has intentado averiguar por qué fulano o mengana han logrado una figura envidiable después de años de obesidad? Indudablemente, ellos han tenido que seguir un método de adelgazamiento y arrostrar unas dificultades, pero a la vista está que el resultado ha merecido la pena.

A eso llegaremos con esta lectura. A que compruebes que tú también puedes. A que aprendas que no es tan difícil, ni requiere tanto esfuerzo, ni hay que estar hecho de una madera especial. A que está en tu mano perder peso igual que está en ella ganarlo.

LAS CAUSAS DE LA OBESIDAD

Sabemos ya que la obesidad es una acumulación excesiva de grasa en el tejido adiposo, es decir, un exceso de este tejido en el conjunto del peso corporal. La grasa es la sustancia que más fácilmente se almacena en nuestro organismo. Los alimentos que ingerimos se componen de proteínas, grasas y carbohidratos. Cuando el organismo necesita un aporte de energía para realizar un trabajo cualquiera, echa mano de las sustancias disponibles para obtener esa energía y empieza a romper moléculas de hidratos de carbono, dejando las grasas para lo último. Y allí se quedan para siempre, porque antes de llegar a consumirlas hemos vuelto a ingerir nuevos alimentos, parte de los cuales también terminarán por convertirse en grasa almacenada.

Veamos la regla general en la que estamos de acuerdo:

$$1 + 1 = 2$$

Es decir, si tenemos 10 y comemos 1, tendremos 11. Hemos engordado, pues tenemos moléculas de grasa y azúcares de más. Entonces hacemos ejercicio, trabajamos, excretamos o sufrimos, es decir, damos utilidad a la energía que hemos incorporado con la comida. Si tenemos 11 y gastamos 2, tendremos 9. Hemos adelgazado, pues hemos eliminado más calorías de las que absorbimos. Si tenemos 11 y gastamos 1, tendremos nuevamente 10. Nos hemos quedado como estábamos. Hemos realizado el ciclo hambre-ingesta-saciedad-hambre sin perder ni ganar peso.

Y de eso vamos a tratar y ésa va a ser nuestra meta en este libro. Aprenderemos a comportarnos de manera que lleguemos a ingerir 10 y a eliminar 11, durante el período de tiempo necesario, hasta perder el sobrepeso; después aprenderemos a ingerir 11 y a eliminar 11 durante el resto de nuestra vida, para no volver a engordar jamás.

Pero la cosa no es tan sencilla, porque la obesidad tiene a veces un origen nutricional; en ocasiones, obedece a alteraciones endocrinas o genéticas, y otras veces los culpables del sobrepeso son factores ambientales o incluso culturales. Los estudios realizados (actualmente existen 24 sociedades científicas europeas que estudian el origen y tratamiento de la obesidad) señalan que las causas de esta epidemia de sobrepeso que padecemos actualmente son las siguientes:

- *Los factores genéticos.* La herencia supone el 25 por 100 de las causas de la obesidad. Desde 1842, existen tratados de medicina que reconocen la predisposición congénita a la obesidad. En 1997 se descubrieron mutaciones genéticas responsables de obesidad en el ser humano. Se trata de genes relacionados con la regulación del ciclo de ingesta alimentaria. Las investigaciones realizadas han permitido estudiar enfoques terapéuticos.
- *La vida sedentaria.* Hemos visto que al restar el gasto del consumo de energía, se obtiene un resultado. Si es positivo, la energía no gastada se acumula, se gana peso. Si es negativo, se pierde peso. Como la vida que llevamos a cabo en la sociedad industrial actual tiende a eliminar el ejercicio físico, las posibilidades de gastar energía son cada vez menores y afectan a personas cada vez más jóvenes. Los niños, que antes pasaban sus horas libres corriendo, saltando y desgastando energías, las pasan ahora ante la televisión o el ordenador.
- *La dieta de la sociedad industrial.* Las comidas rápidas, los bollos industriales y el abandono de nuestra excelente dieta mediterránea en pro de comistrajos foráneos han aumentado el

valor calórico de la dieta elevando su contenido en grasas, que son el factor principal de la obesidad.

- *Desajustes metabólicos y hormonales.* Hay sustancias en el organismo (hormonas) que participan en la regulación de la ingesta alimentaria; algunas personas pueden ser insensibles a la acción de esas sustancias, con la consiguiente pérdida de control sobre la ingesta. Una de estas hormonas es la leptina, que se relaciona directamente con el porcentaje de grasa corporal; eso significa que la leptina informa al cerebro sobre las reservas de grasa del organismo, para impedir que éste siga demandando alimento cuando las reservas han alcanzado el nivel suficiente.
- *Factores psicológicos y ambientales.* La percepción de la cantidad de alimentos ingerida puede también trastornarse y hacer que percibamos la ración ingerida menos abundante de lo que es en realidad. Los factores ambientales se relacionan con la forma de vida y con las influencias del medio, como las modas actuales que siguen muchos países occidentales de comidas rápidas, de «comida basura», «chuches» y todo lo que produce la sociedad industrial.
- *Las conductas alimentarias inadecuadas.* Comportamientos aprendidos de comer aquí y allá, de devorar en lugar de saborear, de comer deprisa y corriendo esos alimentos prohibidos que atrapamos ansiosamente entre régimen y régimen. Las conductas alimentarias inadecuadas son las responsables de que no sepamos disfrutar de un dulce y de que nos sintamos incapaces de controlar el ansia ante un alimento prohibido y deseado. Estas conductas comprenden la vida sedentaria, la dieta perversa de la sociedad industrial y los factores psicológicos y ambientales. Aprenderemos a controlarlas y a modificarlas a lo largo del libro, ya que de eso precisamente trata.

EL GEN DE LA OBESIDAD

Desde que Mendel se dedicó, en el siglo XIX, a experimentar con los guisantes y descubrió los mecanismos de la herencia, no cabe duda alguna de que la genética ha avanzado mucho y no sólo en lo que se refiere al conocimiento de la transmisión de mensajes genéticos, sino en lo que concierne a la aplicación de tales conocimientos a métodos terapéuticos de prevención y tratamiento de ciertas enfermedades. A esta técnica se la llama ingeniería genética.

Entre hallazgo y hallazgo hemos oído mencionar la construcción de un mapa del genoma humano, una especie de descripción detallada de toda la información contenida en nuestros cromosomas, que es la que determina nuestras características biológicas, así como de la posición y actuación de tal información. Así hemos sabido que se han descubierto genes relacionados con la dislexia, con la agresividad, con la depresión, con la homosexualidad, con la esquizofrenia, con la adicción a la cocaína, con la esclerosis múltiple, con el mal de Alzheimer, con ciertos tipos de cáncer, etc.

Tales descubrimientos han supuesto una esperanza razonable de futura prevención de tan terribles enfermedades y todos hemos quedado a la espera de que la ciencia y la técnica produzcan cuanto antes resultados tangibles para verlos en nuestro propio vecindario, no sólo para leerlos en los periódicos.

A estas alturas, estamos más o menos acostumbrados a la amplia gama de sentimientos que nos proporcionan los descubrimientos científicos y que van desde la sorpresa más emocionante hasta el mayor de los desconciertos. Pero una cosa es totalmente cierta, y es que muchas veces tenemos una auténtica necesidad de maravillarnos y de creer en soluciones mágicas que terminen radicalmente con nuestros problemas, a poder ser, sin esfuerzo por nuestra parte.

Algo así sucedió en su momento con el gen de la obesidad y algo parecido sucede, a menor escala, día a día, con la amplia oferta de soluciones mágicas que nos ponen ante los ojos las revistas y la publicidad para quitarnos de encima esos kilos y esas carnes desbordantes. Respecto a las recetas y soluciones mágicas, antes o después hemos ido comprobando, con todo el dolor de nuestro corazón, que todo funcionaba dentro de un régimen de comidas, dentro de un marco temporal y dentro de una serie de sacrificios, y que tan pronto los dejábamos de lado, comprobábamos decepcionados y hechos polvo que no habían servido para nada más que para dejarnos en el camino unas cuantas pesetas y unas cuantas ilusiones defraudadas.

Por eso, cuando escuchamos hablar del gen de la obesidad, todos aguzamos el oído y nos dedicamos a recabar información para ver qué descubrimiento era aquel que podía terminar con nuestros males.

Además, venía avalado por la ciencia, nada de promesas de revistas y clínicas de adelgazamiento. La investigación que condujo al Instituto Nacional de Sanidad e Investigación Médica (INSERM), de Rennes (Francia), al hallazgo del gen OB de la obesidad, nos llenó de esperanza y de ilusión.

En diciembre de 1994, la revista francesa *Nature* publicó el programa de investigación para el aislamiento de los llamados «genes obesos» en los ratones. Visto así, desde nuestra perspectiva de obesos frustrados y desilusionados de tanto tratamiento fallido, parecía que la ciencia había llegado al punto de poder suministrarnos un medicamento que nos hiciese adelgazar y no volver a engordar por arte de birlibirloque.

En 1998 llegó la decepción. Parece ser que algunos de los investigadores del equipo que llevaba a cabo el estudio sobre el dichoso gen de la obesidad denunciaron que el director les quería obligar a manipular la información, de manera que los resultados pareciesen mucho más comerciales de lo que eran en realidad, según dicen, por haber empresas privadas implicadas en el asunto, que ya se frotaban las manos con la esperanza de sacar buena tajada de alguna droga vendible a escala masiva.

El director del equipo investigador respondió con sus propias quejas de que estaba siendo víctima de una maquinación por parte de sus colaboradores y, al final, se nombró una comisión investigadora que arrojase luz sobre el asunto. Un año más tarde, el asunto seguía en los tribunales y la investigación del gen de la obesidad se trasladaba a Estados Unidos.

En junio de 2000 hemos querido saber cómo estaban las cosas, si era posible recuperar nuestros genes obesos de su mala inclinación, y nos hemos encontrado con la información siguiente, facilitada por el director del laboratorio de genética de las enfermedades metabólicas de la Universidad de California y que recoge la revista *Mundo Científico*, núm. 213, en un artículo titulado *Los ratones obesos y los medicamentos*.

- En 1994 se descubrió que la mutación de ciertos genes provocaba obesidad en el ratón OB.
- En 1997 se describieron casos de obesidad humana debidos a mutación de genes similares a los del ratón OB.
- La leptina es una hormona que actúa sobre el sistema de control de ingesta alimentaria. Activa las neuronas de un núcleo del hipotálamo y la consecuencia de esta acción es disminuir el apetito cuando la reserva de grasa es suficiente.
- La leptina está presente en el organismo en cantidad proporcional a las reservas de grasa. La mutación del gen correspondiente hace que el organismo no produzca leptina y que el apetito no se detenga, aunque la reserva de grasas sea excesiva.
- Los laboratorios farmacéuticos compraron la patente de esa hormona para poder comercializarla.
- El tratamiento de la obesidad con dicha hormona sólo tuvo éxito cuando el paciente carecía absolutamente de leptina en su organismo, por causa de la mutación de un gen. En casos de obesidad debida a otras causas no genéticas el tratamiento resultó decepcionante.
- La obesidad debida a mutaciones de un gen es muy rara y sólo se han dado cinco casos. Está en estudio la predisposición a la obesidad para averiguar el número de genes implicados, que por ahora parece ser mayor de cuatro.
- Es probable que la predisposición genética a la obesidad sólo se convierta en obesidad cuando se le sume la influencia del entorno. Eso quiere decir que la curación de la obesidad se centraría más en la modificación del entorno que en el tratamiento de la deficiencia genética.

En resumen: sigamos peleando con la obesidad, porque la genética y la genómica nada pueden hacer por nosotros. Al menos, por ahora.

EL PESO IDEAL Y EL NORMAL

Más o menos todos tenemos una idea de qué es eso del peso ideal.

1. Según la fórmula de Lorentz, se obtiene de la forma siguiente:

    Peso ideal = (talla −100) − [(talla − 150)/4]

2. Según la fórmula de Metropolitan Life Insurance, se obtiene así:

    Peso ideal = 50 + 0,75 (talla − 150)

3. Podemos reducir esta última fórmula de manera que resulte más fácil de calcular y de recordar, de la manera siguiente:

    Peso ideal = 0,75 × talla − 62,5

En ambos casos, la talla se mide en centímetros.

CUADRO 4

Fómula de Lorenz:
Peso ideal = (talla − 100) − [(talla − 150)/4]

Fórmula de Metropolitan Life Insurance:
Peso ideal = 50 + 0,75 (talla − 150)

La misma fórmula reducida:
Peso ideal = 0,75 × talla − 62,5

FUENTE: *Medicina y Salud, volumen II, Círculo de Lectores.*

Veamos un ejemplo para mejor comprensión.

Fórmula de Lorentz: doña Marcela mide 163 centímetros y pesa 85 kilos.

Peso ideal = (163 − 100) − [(163 − 150)/4] = 63 − [(13/4)] =
= 63 − 3,25 = 59,75

Por tanto, según Lorentz, el peso ideal absoluto de doña Marcela es de 59,75 kilos.

El mismo caso, aplicando la fórmula reducida de Metropolitan Life Insurance, daría:

Peso ideal = 0,75 × 163 − 62,5 = 59,75

El mismo resultado con un método más sencillo y rápido.

Como doña Marcela pesa 85 kilos, le restamos 59,75 y resulta que le sobran 25 kilos y un cuarto. Y como 25,25 kilos es el 42 por 100 de su peso ideal, nos encontramos con que doña Marcela es obesa, ya que su peso real excede al ideal en más de un 20 por 100. Pero como el ser humano no es una legumbre ni un material de construcción, el peso ideal no es absoluto, sino relativo. Por tanto, es preciso compararlo con las tablas de peso ideal ya establecidas para cada edad, estatura, estructura corporal y sexo, según las tallas, estructuras y pesos más frecuentes en una población similar de individuos. Así pues, habría que contrastar el peso de doña Marcela con el del grupo al que pertenece por sus otras características físicas, sexo, complexión, edad, etc.

Sin embargo, para clasificar a los adultos en delgados, normales y obesos la Organización Mundial de la Salud no utiliza el peso ideal ni las fórmulas anteriores, sino el Índice de Masa Corporal. Lo vemos en el cuadro 5.

4. Clasificación (adultos) según el Índice de Masa Corporal.
   Hemos hablado antes del IMC y hemos visto cómo se calcula:

Peso (en kilos) dividido por altura (en metros)
elevada al cuadrado.

CUADRO 5
Clasificación de los adultos según el IMC (OMS, 1995 y 1998)

Delgadez grado 3	Menor que 16
Delgadez grado 2	De 16 a 16,9
Delgadez grado 1	De 17 a 18,4
Delgadez...	Menor que 18,5
Peso normal	De 18,5 a 24,9
Sobrepeso...	De 25 a 29,9
Obesidad grado 1..............................	De 30 a 34,9
Obesidad grado 2..............................	De 35 a 39,9
Obesidad grado 3..............................	De 40 en adelante

FUENTE: *Mundo Científico*, núm. 213, junio 2000

Así pues, los límites del peso normal quedan establecidos para un Índice de Masa Corporal entre 18,5 y 24,9. Las cifras por debajo suponen delgadez, que va desde la delgadez «normal» a la extrema en grado 3. Las cifras por encima suponen sobrepeso, que va desde el sobrepeso discreto a la obesidad mórbida en grado 3.

LA CONDUCTA ALIMENTARIA

Dicen los psicólogos que una conducta es un conjunto de reacciones aisladas y de pautas de reacción organizada dirigida a una meta. Partimos de la base de que todas las conductas van encaminadas a una meta, y la meta a la que se dirige la conducta alimentaria es, naturalmente, proveer al organismo del alimento necesario para su subsistencia, es decir, satisfacer una necesidad primaria y básica del organismo, que es alimentarse para mantener su integridad.

Pero el ser humano es bastante complejo y su necesidad primaria y básica de alimentarse se subdivide y embrolla con un sinfín de necesidades secundarias de nutrirse con determinados productos según su sabor (genuino o desvirtuado, espagueti pero con tomate, no a la crema), apetencia (incapacidad de comerse un plato de acelgas rehogadas para desayunar), valor dietético (calorías, aporte de calcio, vitaminas, etc.), moda (canapé de caviar iraní, bocata calamares, *baguette*, *croissant* relleno o sándwich), etc. Asimismo, la necesidad de alimentarse no se ciñe a los ciclos biológicos hambre-saciedad, sino a momentos sociales como los aperitivos, el picoteo, las tapas, el cóctel, las sopas de ajo de madrugada o el chocolate con churros antes de irse a la cama, bien entrada la mañana.

Decía Marx que cualquier abeja avergonzaría al mejor arquitecto por la precisión con que construye sus panales, pero que el peor arquitecto tiene sobre la mejor abeja la ventaja de que, antes de construir el panal, lo planifica y crea en su cabeza.

Efectivamente, es obvio que el campo estimular del ser humano es mucho más amplio que el del animal y que, mientras que éste siente hambre, bien porque su estómago diga que ya hace rato que allí no entra nada o bien como respuesta a un estímulo tan sugerente como un trozo de asado, una raspa de sardina mal roída o un repollo perdi-

do entre la hierba, el ser humano es capaz de construir en su mente
todos los estímulos necesarios para despertarse el apetito a cualquier
hora del día o de la noche.

¿A qué viene hablar constantemente de comidas, recetas y restaurantes durante una comida entre amigos? Llegan los postres, los
estómagos apenas dan de sí para digerir el aluvión de alimentos inge-
ridos y los comensales siguen erre que erre, recordando el lugar donde sirven las mejores angulas o el más suculento pato trufado.

La conducta alimentaria es algo que se aprende, y se aprende
bien o mal. Vivimos un mundo trastocado de competitividad, prisas
y estrés que nos lleva de aquí para allá y nos llena de ansiedad. No tenemos tiempo para sentarnos tranquilamente a la mesa, para elegir
los alimentos adecuados y para saborearlos despacio y extraer de
ellos todo lo que nos pueden dar de bueno.

Tampoco tenemos tiempo para vivir el aquí y ahora, sino que vivimos el pasado y el futuro, dejando el presente para cuando sea ayer.
Nos levantamos deprisa y corriendo, pensando en que no llegamos al
trabajo y en el atasco que nos vamos a encontrar. Nuestra primera
comida, el desayuno, que debería ser reposada, placentera, capaz de
reparar el desgaste nocturno y de prever el desgaste matutino, es agitada y rápida, mirando el reloj porque se nos escapa el autobús, el
tren de cercanías o los niños nos acucian porque se les hace tarde.
Desayunamos, pues, pensando en dónde hemos dejado las llaves del
coche, el recibo de la tintorería o el informe de la oficina. Muchas veces, ni siquiera desayunamos y hasta nos felicitamos por creer habernos ahorrado unas cuantas calorías. Y la mayoría de las veces, no desayunamos porque nos levantamos con la cena en la boca del
estómago y con mal sabor, y la sola idea de desayunar nos llena de
malestar. El desayuno, que debería ser la comida más importante del
día, es casi siempre subestimado en nuestra sociedad y reemplazado
por un tentempié ligero y rápido, para el que a veces ni siquiera tenemos tiempo. Como no tenemos apenas tiempo para desayunar, o simplemente no nos apetece, llegamos a la hora de comer con un hambre voraz y engullimos todo lo posible y lo imposible, tanto si es
beneficioso como si es perjudicial, tanto si nos habíamos propuesto
no volver a comer tales cosas como si no. Y como necesitamos toda
la tarde para digerir la comida de mediodía, cenamos tarde, sin con-

cedernos tiempo para digerir la cena antes de acostarnos, y así reno-
vamos el ciclo de despertarnos con la boca pastosa y sin ganas de
desayunar. Es probable que todo parta de nuestro horario español,
que abre los restaurantes cuando casi todo el resto del mundo occidental los cierra, y que llama mediodía a las dos o las tres de la tarde.

La sociedad en que vivimos premia la delgadez, nos pone en la
pantalla del televisor maravillosas *Barbies* de cintura de avispa como
un modelo envidiable y, mientras, nos ofrece traidoramente los mil y
un modos de engordar, de comer porquerías que sólo nos estropean
el estómago y nos inflan los michelines. Desde la falta de tiempo para
comer pausada y selectivamente, hasta la inundación de productos
insanos que nos prometen más tiempo libre y menos trabajo en la cocina o, lo que es peor, menos kilos y menos apetito.

Lo malo es que toda esta oferta inadecuada de vida agitada y sistemas perversos de alimentación nos llega desde edad temprana y así
vamos aprendiendo, a medida que crecemos. Nos desarrollamos entre caprichos, golosinas y chucherías, bollos industriales, hambur-
guesas, perros calientes y alimentos de plástico en recipientes asépti-
cos de usar y tirar. Cada vez es más difícil convencer a los niños de
que las verduras y las frutas son imprescindibles; de que hay que beber agua y no Coca-Cola; de que un filete sustituye de forma inmejorable a todos los bocatas del mundo, y de que las golosinas son basura,
aunque vengan disfrazadas del actor virtual de moda. Nos acostumbramos, desde pequeñitos, a movernos lo menos posible, porque
para eso están el autobús escolar, el coche familiar, la televisión y el
ordenador. Si la televisión nos sirve los entretenimientos a la carta,
¿para qué entretenernos jugando al balón, patinando o practicando
artes marciales?

Y después de pasar los años jóvenes de nuestra vida entre tales
desmanes, llega la adolescencia y nos quejamos de los granos, de la
anchura de la cintura o de la grasa en la piel. Ya, a esas alturas, es difícil aprender a reemplazar la barrita de chocolate por una manzana y
el programa de televisión por un partido de baloncesto. Cuando aparecen los primeros michelines, la cosa no tiene remedio. Son muchos
años aprendiendo a comer mal y a no movernos, y sus efectos no desaparecen con un régimen de quince días y un partido de tenis a la semana.

LOS TRASTORNOS DE LA CONDUCTA ALIMENTARIA

Los criterios diagnósticos de la Asociación Americana de Psiquiatría incluyen tres tipos de trastornos de la conducta alimentaria: anorexia nerviosa, bulimia y trastornos de la conducta alimentaria no especificados.

Este libro no va, ni mucho menos, dirigido a personas que sufran estas patologías, pero como tanto y tanto se habla en nuestros días de la anorexia y la bulimia no está de más dar una reseña de tan deplorables males con el fin de dejar clara la sintomatología específica de ambos y evitar interpretaciones inadecuadas.

La anorexia mental fue descrita por primera vez en 1873, cuando la moda marcaba una silueta femenina en forma de «S» mayúscula, es decir, que no se trata de un mal de hoy que se haya puesto de moda entre las adolescentes (y cada vez más entre los adolescentes).

El modelo de joven con anorexia nerviosa tiene, en numerosas ocasiones, bastante que ver con ciertas exigencias del medio familiar y no con las modas. Es cierto que también contribuye a ella la moda de la delgadez y el hecho de que la belleza actual se identifique con las *top models* que pueblan nuestras pantallas, páginas cuché y pasarelas; también es cierto que cada vez se incorporan más mozos a los cánones modernos de la belleza y que muchos jóvenes, y menos jóvenes, se identifican con modelos estéticos a veces inaccesibles.

La constitución esquelética y la morfología del cuerpo no dependen de la voluntad, sino de la herencia, porque las tipologías vienen codificadas en los cromosomas. Así pues, cuando la información del cromosoma señala «pícnico» (tirando a bajo y grueso, es decir, rechoncho), el individuo tendrá que someterse a las torturas más crueles imaginables para conseguir estirarse y disminuir de volumen.

La anorexia mental se da normalmente entre adolescentes de quince a veinte años que van restringiendo progresivamente su alimentación, alegando dolores de estómago o molestias subjetivas. Estas restricciones se van haciendo masivas, globales y originan subalimentación y pérdida de peso, hasta que, al cabo de algún tiempo, aparece la inapetencia real.

Cuanto más insiste la familia, con mayor obstinación se comporta el enfermo, que llega a esconder los alimentos, provocarse vómitos, ingerir laxantes o purgantes y practicar ejercicios físicos excesivos. La finalidad de esta conducta es rechazar los alimentos o impedir su utilización.

En la primera fase, el enfermo aduce no poder comer porque sufre molestias. En la segunda, su obstinación se ha consolidado y señala que no sufre, lo que indica que ya está bien. Incluso se presta a dar muestras de buena voluntad probando los alimentos que se le presentan, pero apenas toma más de un bocado. Poco a poco sistematiza su actitud y, frente a la insistencia de la familia, llega a renunciar a buscar argumentos. La tercera fase se presenta al cabo de uno o dos años, con un estado caquéctico, astenia genuina (ya no es mental) y, en las mujeres, amenorrea (desaparición del ciclo menstrual que solamente se presenta mediante la aplicación de fármacos). El peso desciende a 35 kilos o menos y, en el 10 por 100 de los casos, sobreviene la muerte. Generalmente se produce un cuadro de insociabilidad, aislamiento y hostilidad ambivalente hacia la madre o la familia. El nivel de actividad suele ser inconcebible para el grado de emaciación del enfermo. He visto a una mujer afectada de anorexia, en un estado espantoso de caquexia, consumida y con una atrofia total de los caracteres sexuales, jugando al frontón con toda la fuerza y energía de un pelotari.

Las teorías psicoanalíticas señalan que la anorexia mental afecta a las mujeres poco después de su pubertad, como una forma de rechazo al papel femenino, pero todo esto se viene abajo cuando vemos que cada vez hay más varones que presentan este trastorno. Lo que sí podría aplicarse a ambos sexos es la explicación psicoanalítica de que el paciente se autocastiga y se impone una penitencia corporal para purgar la culpabilidad surgida de escrúpulos sexuales o religiosos. En su *Introducción a la psiquiatría*, Juan Antonio Vallejo-Nájera habló de una reacción histérica al conflicto madre-hija (parece que ahora también madre-hijo), regresión y fijación a la fase oral. Como hemos mencionado anteriormente, se dan muchos casos de jóvenes anoréxicas en las que coincide un hecho visualmente comprobable: su dormitorio presenta el aspecto inmaculado e impecable de la habitación de la hija modelo, que se ha sometido absolutamente a las normas de una madre (familia) exigente y que expresa su derecho al pataleo mediante la anorexia.

El *Manual de criterios diagnósticos* (*DSM*), de la Asociación Americana de Psiquiatría, indica que la anorexia nerviosa comprende el rechazo contundente a mantener el peso corporal por encima del valor mínimo correspondiente; un miedo intenso a ganar peso y a convertirse en obeso; una alteración en la percepción del peso, de la talla o de la silueta corporal, y en las mujeres ausencia de al menos tres ciclos menstruales.

El siguiente trastorno descrito por el *Manual de criterios diagnósticos* trata de la bulimia nerviosa, que incluye los siguientes síntomas:

- Episodios recurrentes de ingesta voraz, es decir, consumo de grandes cantidades de comida en períodos cortos de tiempo. Esto produce sentimientos de falta de control sobre la conducta alimentaria y hace que el enfermo se provoque vómitos, se administre laxantes y diuréticos, y practique dietas muy estrictas o ayunos, o bien se dedique a hacer mucho ejercicio para compensar lo ingerido y evitar el aumento de peso. Puede hablarse de bulimia cuando se da un promedio mínimo de dos episodios de voracidad a la semana, al menos, durante tres meses. La preocupación por la silueta y el peso es constante.

- Hay otros trastornos de la conducta alimentaria a los que el *Manual de criterios diagnósticos* llama no especificados, es decir, que no reúnen los criterios para un diagnóstico específico como los anteriores. Por ejemplo, casos de personas de peso promedio que no tienen esos episodios de voracidad descritos en la bulimia, pero que se provocan con frecuencia vómitos para no aumentar de peso. También hay mujeres con todos los síntomas de la anorexia nerviosa, pero sin presentar amenorrea. Por último, este grupo incluye los trastornos que presentan todos los síntomas de la bulimia nerviosa, pero sin la frecuencia señalada de los períodos de voracidad, es decir, de vez en cuando.

LA GULA

La gula es uno de los siete pecados capitales que muchas personas, obesas o no, confiesan padecer. La gula es adicción a la comida y tiene su equivalente en las restantes adicciones: el tabaquismo, la ludopatía, el alcoholismo, la drogodependencia, la adicción al sexo, la compra compulsiva o la ciberdependencia.

Hemos dicho que no solamente las personas obesas confiesan ser golosas. También lo declaran muchas otras que presentan una figura espectacular. Hay gente del mundo de la imagen, como modelos, artistas de cine, «bellezas» profesionales protagonistas de la prensa rosa, etc., que ha confesado su adicción a la comida. Imagina el tremendo esfuerzo que tales personas deben realizar para mantener su figura, teniendo en cuenta que su físico es su modo de vida. Supón el malestar que han de sentir en los numerosísimos momentos en que se encuentren frente a una mesa bien surtida de alimentos deseables, precisamente porque su vida se nutre de momentos sociales que se festejan comiendo y bebiendo.

Triste. Pero, por si no te has dado cuenta, conviene que consideres que esas personas han dado ya el primer paso, que siempre es el más importante. Una adicción o una dependencia son una forma de alienación, es decir, un proceso en que esta gente pierde el control sobre sus propios recursos y cae en manos del objeto al que es adicto o del que depende. Pues bien, la forma más profunda de alienación es aquella en que el sujeto no toma conciencia de su propia alienación. Cuando la persona no es capaz de darse cuenta de que ha incurrido en una adicción o en una dependencia, se encuentra en el punto más profundo y peligroso del proceso. Los sujetos que confiesan padecer gula o adicción ante la comida están fuera de ese lugar peligroso, porque reconocen su mal y, por tanto, tienen la posibilidad de luchar contra él y de vencerle.

El ser humano cuenta con muchos mecanismos inconscientes de defensa que le sirven para defenderse de la angustia y que Anna Freud describe en su libro *El yo y los mecanismos inconscientes de defensa*. Eso significa que estamos dispuestos a defendernos a capa y espada de todo aquello que nos pueda generar angustia. Una de las cosas que más angustia genera es una realidad poco agradable y la obesidad es, ciertamente, eso. De ahí que muchas personas obesas tiendan a subestimar su sobrepeso y a considerar que no es para tanto, que no comen tal cantidad como para engordar o que tampoco llevan una vida como para estar así.

Todo ello no es más que el efecto de un mecanismo inconsciente de defensa llamado negación, que consiste en negar la propia enfermedad, porque genera más angustia de la que podemos permitirnos el lujo de sentir.

Todos conocemos a personas gruesas que dicen: «Yo no sé por qué engordo, la verdad es que no como tanto», y nos cuentan que comen una cantidad realmente incapaz de hacerles engordar. Pero cuando profundizamos en la conversación, resulta que nuestro gordo deja entrever que se pone morado de tortilla y de pan con tomate entre horas, y que nuestra gorda come poco a la hora de las comidas, pero que se pone como el Quico en la cocina, porque además guisa como los ángeles.

No hace mucho, una encantadora vecina, gorda y bien gorda, me narraba su dieta alimenticia, según la cual no había razón alguna para haber ganado tanto peso. Le sugerí una visita al endocrino, para averiguar en qué radicaba tal incoherencia; pero ella desestimó el consejo aduciendo que se encontraba perfectamente bien, aunque su marido insistía en que «no debía de mojar tanto pan en las salsas». He aquí un ejemplo de mecanismo de negación tomado de la vida diaria.

Los mecanismos de defensa no son nocivos en sí mismos, puesto que cumplen una misión importante, pero sí son perjudiciales a la hora de corregir o atajar conflictos psicológicos porque llegan a edificar una auténtica muralla en torno al malestar, para aislarlo y evitar que la persona tome conciencia de él y se cargue de ansiedad.

El concepto psiquiátrico de adicción o dependencia es una apetencia anormal y prolongada por ciertas sustancias o actividades que producen un efecto sedante o eufórico. Pero esa apetencia llega a convertirse en un hábito tiránico del que no hay manera de desprenderse. La dependencia psicológica, que es común a todas las adicciones, desde el tabaco al erotismo, se debe al fenómeno de habituación, es decir, el adicto se acostumbra a una sustancia o actividad. Cuando la ausencia de esa sustancia (tabaco, droga, alcohol) o de esa actividad (comer, jugar, hacer el amor, trabajar, comprar) produce un estado de enfermedad, hablamos de síndrome de abstinencia y de dependencia física. Pero en el caso de la adicción a la comida, la dependencia es generalmente psicológica y la persona que la padece se limita a llenarse de ansiedad cuando no tiene comida a su alcance, aunque no enferma ni pierde la razón, como en el caso de las toxicomanías.

Eso significa que la adicción a la comida, lo que hemos llamado gula, es mucho más fácil de tratar y de eliminar que otros tipos de adicción. Hay que tener en cuenta el fenómeno llamado tolerancia, que hace que la persona necesite cada vez mayor cantidad de comida o comer con mayor frecuencia.

En cuanto a la adquisición de las dependencias, dicen los psiquiatras que se entra en ellas por la puerta del dolor, del deleite o del pesar. Eso significa que la gula, como cualquier otra adicción, se encuentra al otro lado del pasillo que recorre la persona que huye de una situación dolorosa inevitable en busca de un placer que necesita imperativamente o para apartar de su mente pensamientos amargos. Cuántas veces nos encontramos rebuscando en la nevera algo que nos ayude a tolerar el malestar de un problema de trabajo; algo que nos haga sentir un placer bien merecido, tras una jornada desagradable; algo que nos impida pensar en una ruptura amorosa. Ésa es la puerta de entrada. El recorrido del pasillo puede ser más o menos largo, pero al final siempre se encuentra la gula, la dependencia morbosa de la comida, la adicción.

CUADRO 6

Gula o adicción a la comida

- Apetencia normal y prolongada por la comida.
- Se llega a convertir en un hábito tiránico.
- La tolerancia hace que cada vez sea más precisa más cantidad de comida o comer con mayor frecuencia.
- Hay pérdida de voluntad.
- Interfiere en la vida normal.

Todas las dependencias son, por tanto, reacciones defensivas ante la frustración. Ahora puedes preguntarte por qué a unos les da por comer para huir de situaciones penosas, y a otros por jugar, por beber o por comprar. Simplemente, porque todos somos diferentes unos de otros y porque cada uno de nosotros emplea un mecanismo distinto para defenderse de la frustración, de la ansiedad y del malestar. Todo depende de nuestra personalidad, de sus características, de su estructura y de la manera en que interactúa con el medio en que nos desenvolvemos. Lo vamos a ver en los capítulos siguientes.

Capítulo 2

¿Por qué unos engordamos y otros no?

*N*OS INTERESA MUCHO saber por qué nos da por comer en lugar de lanzarnos a la compra compulsiva ante una situación que nos produzca malestar. Nos interesa mucho saber por qué engordamos y por qué hay gente que come muchísimo más (al menos, aparentemente) y que se priva de muchísimas menos cosas apetecibles que nosotros y, sin embargo, no engorda ni a la de tres.

Lo primero que hay que hacer es ponerse en manos de un médico especialista (médico, es decir colegiado, no simplemente diplomado en alguna medicina alternativa) para comprobar las posibles patologías, factores hereditarios y desajustes hormonales. Esto es importante, porque no podemos imputar causas psicológicas ni tratar con métodos psicológicos lo que tiene una raíz biológica. Ya sabemos que todo (o casi todo) depende de los genes y de la química del organismo, pero es necesario asegurarse de que no existe patología alguna y de que nuestro mal radica en algún lugar de nuestra mente.

Una vez descartadas esas causas, podemos hablar de los motivos psicológicos que llevan a la obesidad.

EL CICLO HAMBRE-INGESTA-SACIEDAD

A partir de este momento, descartado el terreno médico, nos interesa la obesidad que no responde a patologías orgánicas, sino la que procede de conductas alimentarias inadecuadas: la ansiedad es muchas veces su motor (no hay que olvidar que comer tiene efectos ansiolíticos) y la inadaptación, la sobrealimentación o el sedentarismo, incluyendo la inveterada costumbre de disfrutar de largas siestas tocineras con el estómago bien repleto de alimentos. Y esa diversificación de necesidades alimentarias de que hemos hablado antes, que nos impele a comer en pleno ciclo de saciedad, ejerce un efecto terrible sobre las elásticas y delicadas paredes de nuestro estómago, que consiste en irlas dilatando cada vez más, hasta conseguir que el ciclo del hambre se extienda a expensas del de saciedad y que no nos veamos hartos ni a la de tres.

Nuestra conducta alimentaria se regula mediante un principio de retroalimentación en el sistema nervioso central. La retroalimentación es algo así como el funcionamiento de un frigorífico. El termostato envía señales de que ha llegado a la temperatura necesaria para que los alimentos se conserven como deben y el motor se detiene. Cuando la temperatura interior sube, el termostato da la voz de alarma: «¡Que se descongela todo! ¡Que se echan a perder las albóndigas!», y el motor se pone en marcha, procediendo a enfriar el interior del frigorífico.

Pues algo así sucede en nuestro organismo. En el sistema nervioso central existen una serie de ciclos, como por ejemplo el conocido ciclo sueño-vigilia y el que a nosotros ahora nos interesa, el ciclo hambre-ingesta-saciedad-hambre. La parte alta del tubo digestivo envía información al sistema nervioso central de que allí no hay nada digerible y éste da la señal de alarma y nos hace sentir hambre. «¡Me lo como todo!» Al ingerir los primeros bocados, esa sensación de hambre se calma, pero como todavía no se han producido los cambios metabólicos que han de generar la sensación de saciedad, el ciclo ingesta se alarga hasta que comemos lo suficiente como para llegar a la siguiente fase del ciclo, en que el tubo digestivo dice: «¡Alto! ¡Es suficiente! ¡Ya tengo bastante trabajo para digerir todo esto!», y se inicia el ciclo saciedad, que durará hasta que, de nuevo, el tubo digestivo proclame a los cuatro vientos que allí no hay nada que rascar.

El responsable cerebral de estos ciclos es el hipotálamo, situado en la subcorteza cerebral, que tiene dos centros alternos: el de la saciedad, que responde a los estímulos inhibiendo al otro centro, y el del hambre. Estos centros funcionan como un semáforo de dos luces: cuando se enciende la roja, se apaga la verde y por allí no pasa nadie, y cuando se apaga la roja, se enciende la verde y ya se puede pasar.

Pero sucede que el ser humano ni es un frigorífico ni es un semáforo; además de todos esos controles y regulaciones neurológicas y fisiológicas, tiene algo que no tienen las máquinas: la capacidad de responder al mismo estímulo de mil maneras diferentes, es decir, la improvisación y la creatividad, que es lo que nos diferencia de los ordenadores y de los animales, por lo menos de algunos.

Así pues, somos creativos, retorcemos en nuestro interior el estímulo más sencillo e inocuo hasta convertirlo en el más complejo e influyente y producimos una respuesta tan inesperada como ilógica. Y por ello, los científicos estudian y analizan nuestros mecanismos biológicos, para dar con el producto que acelere o desacelere el trabajo de tal o cual centro o dispositivo; pero nosotros, cuando nos ponemos a ello, lo echamos todo a perder.

Y claro, en pleno ciclo de saciedad, somos capaces de sentir hambre y, en pleno ciclo de hambre, somos capaces de sentir saciedad y enviar al hipotálamo y a sus centros alternos a hacer gárgaras.

¿O no? A veces nos hartamos de comer y cuando, lógicamente, el hipotálamo pone en marcha el ciclo saciedad, al recibir del tubo digestivo la señal de tener mucho que digerir, pasamos ante una pastelería o bien nos hablan de una nueva marisquería, o simplemente nos acordamos del chocolate con picatostes, y ¡sentimos de nuevo hambre! Hambre que es independiente de los procesos biológicos, porque ya hemos dicho que el tubo digestivo está emitiendo señales de saciedad como loco y el hipotálamo tiene inhibido el centro del hambre.

Por tanto, nuestra capacidad de diversificar necesidades se pone en marcha y nos impele a levantarnos de la mesa para ir a buscar las chocolatinas o las almendras. Da igual. Nuestra necesidad de alimentarnos debería, en realidad, estar satisfecha, pero hemos convertido esa necesidad fundamental en varias necesidades de primer, segundo y tercer orden no sólo de alimentarnos, sino de nutrirnos hasta saciarnos. Cierto. Pero, además, ahora que estamos objetivamente hartos, surge la necesidad de alimentarnos con una golosina (degustarla, para aplicar un vocablo más fino) y volvemos a poner en marcha todos los dispositivos necesarios.

Así pues, nos levantamos de la mesa, de la que decía el insigne Gregorio Marañón que hay que levantarse con hambre (y de la cama con sueño), y vamos sigilosos y algo avergonzados a por las chocolatinas o los pepinillos, ¿qué más da? Pero como el tubo digestivo ya había lanzado su señal de tener suficiente trabajo para unas cuantas horas, la digestión se ve perturbada y acabamos tomando bicarbonato y jurando no volver a comer fuera de horas.

Nota: Puedes encontrar dos libros que tratan de las relaciones entre el pensamiento y la comida: *La cocina de los sentidos. La inteligencia y los sentimientos del arte culinario,* del neurólogo y cocinero argentino Miguel Sánchez Romera, publicado por editorial Planeta, que establece la existencia de una relación bidireccional entre la cocina y el cerebro. El cerebro es, según él, el mago del sabor y nuestro auténtico órgano de la digestión. El libro trata de la naturaleza cerebral de los actos de cocinar y de comer; aborda el papel de los sentidos en la gastronomía; señala que la memoria es el paraíso de las sensaciones y de las evocaciones sensoriales; explica, en resumen, la interacción entre el cerebro y la cocina, algo así como que somos lo que comemos.

El otro libro se titula *De la inteligencia y del placer. La dietética del cerebro,* publicado por la editorial Mondadori en 1990, y su autor, el médico, químico y biólogo Bourre, también aborda la relación entre el pensamiento y la comida. Ambos están reseñados en el artículo de Gonzalo Casino, publicado en la revista médica *Escepticemia* del 11 de diciembre de 2001.

Hemos dicho anteriormente que la leptina es una hormona capaz de hacer que el centro hipotalámico de la saciedad entre en funcionamiento en el momento adecuado. Su administración farmacológica puede hacerlo funcionar en el momento señalado específicamente por el tratamiento, de manera que no nos permita comer en exceso por nada del mundo. Pero ese medicamento solamente es efectivo cuando la persona tiene una carencia genética de dicha hormona. Es decir, de nada sirve administrársela a alguien que engorde por otras causas.

Aunque fuera posible administrarla a cualquier persona para hacerla adelgazar a base de inhibirle el apetito, recordemos que la conducta alimentaria que conduce a la saciedad, por desgracia, no se controla fácilmente desde el hipotálamo, sino desde los mecanismos psicológicos de la motivación y el refuerzo, que es de lo que vamos a tratar en este libro.

¿POR QUÉ SOMOS DIFERENTES?

Hay personas que tienen la inmensa fortuna de poder comer todo cuanto les place y no engordar, y hay otras, en cambio, entre las que nos incluimos tú y yo, que en cuanto comemos algo más de la cuenta o algo «vedado» se nos encoge la ropa que da pena. Todo se nos queda estrecho, escaso y horrible.

¿Por qué? Me parece que, más o menos, todos lo sabemos. Se trata, a grandes rasgos, de características constitucionales que facilitan o dificultan la asimilación y desasimilación de los alimentos. Las personas somos distintas unas de otras por mecanismos y estructuras heredadas, por otros mecanismos y estructuras psicológicos, y por otros mecanismos y estructuras sociales que forman las tres bases de nuestra personalidad. La personalidad tiene una base biológica, heredada, constitucional, genética, o como queramos llamarla, que nos señala como sujetos tendentes o no a engordar.

Tiene, además, una base psicológica, aprendida, que va desde lo más arraigado y próximo a la biología, la raíz de la personalidad, hasta lo más lejano, que interactúa con el entorno y cambia constantemente. Esta base está formada por influencias del medio ambiente, como vivencias, rol según sexo, cultura, aprendizaje, normas preestablecidas, valores culturales, geografía, clima, etc. Sabrás, lector, que existen culturas en que la gordura se identifica con la belleza o con la salud. Nuestra misma cultura occidental ha modificado sus esquemas no hace mucho tiempo, porque hasta hace unos años también en ella se identificaba la abundancia de carnes con la abundancia de medios económicos, de salud y de belleza. Y esto sigue funcionando todavía en muchas zonas, sobre todo en lo que se refiere a los bebés. Un niño gordo y lustroso sigue siendo para muchas personas un bebé sano y hermoso, mientras que un niño esbelto les parece enfermizo y muerto de hambre.

Eso hace que muchos padres tiendan a educar a sus hijos en la necesidad de comer con exceso, de tomar dulces y alimentos que engordan y dan lustre al aspecto externo. Los niños aprenden a disfrutar excesivamente de la comida, su placer se exalta y llegan a considerar un buen plato de comida como el mejor premio del mundo. Cuando los padres se dan cuenta de que la gordura no es belleza ni salud, sino que lo importante es una nutrición equilibrada, suele ser tarde: el niño ha desarrollado un apetito incontrolable; se ha convertido en un «gordito relleno» que provoca las burlas de sus crueles compañeros de colegio, y sufre sudores y fatigas a la hora de realizar los ejercicios de gimnasia. El niño, que no había venido al mundo con estructuras genéticas que le condujesen a la obesidad ni nada de eso, ha aprendido a ser obeso. Para recuperar el peso normal tendrá que desaprender lo mal aprendido y aprender otra forma de conducta. Y eso es lo que vamos a hacer a lo largo de este libro.

La personalidad tiene una tercera base social, formada por el papel a adoptar en el mundo: las esperas social y personal. Hemos dicho que hay culturas que consideran la obesidad necesaria. Los esquimales entienden que hay que estar obeso, porque gordos están los osos y las ballenas que forman su mundo alimentario. Y esa norma cultural tiene un por qué. Las grasas aíslan del frío y, lo mismo que aíslan a los osos y a las ballenas, aíslan a las personas. Sin embargo, otras sociedades rechazan de pleno la gordura y ponen en los altares de papel cuché a los esbeltos y gráciles.

Estas tres bases —biológica, psicológica y social— interactúan entre sí y con el medio ambiente, por lo que la personalidad no es estática y rígida, sino dinámica y en constante proceso de evolución y adaptación al entorno.

Hemos dicho que la base psicológica de la personalidad es aprendida, entendiendo por aprendizaje el proceso que hace que el individuo cambie para adaptarse a su entorno. Llamamos entorno al conjunto de condiciones que rodean al organismo o que se hallan dentro del mismo y estimulan su conducta. El entorno es, por tanto, desde los minúsculos bichitos que nos producen dolor de muelas hasta la zona geográfica en que nos hallamos incrustados, en nuestro caso Occidente, con toda su cultura, sus normas y sus historias.

Fíjate, pues, en la cantidad de condiciones, circunstancias y acontecimientos que nos diferencian a unos de otros y que constituyen nuestra psicología y nuestro estar en el mundo. Lógico es, por tanto, que haya grandes diferencias entre los individuos de una misma familia, cuanto más de una misma cultura. Por eso, hay individuos que tienden a engordar y otros que no. Además, hay unas personas que comen lo que necesitan y otras que no.

¿Y POR QUÉ A UNOS NOS DA POR COMER Y A OTROS POR OTRA COSA?

Podemos empezar por señalar que hay un placer evidente en la comida y en la bebida, colocado ahí por la sabia naturaleza para que el ser vivo busque satisfacerlo y así mantenga su integridad física (como hay un placer en el sexo para que, al satisfacerlo, se mantenga la continuidad de la especie); ese placer produce en el individuo una fijación mayor o menor según la cantidad de placer (es decir, el refuerzo) que reciba.

Veamos de nuevo las tres bases de la personalidad de que hemos hablado recientemente:

Respecto a la base biológica, la que comprende lo heredado o constitucional, cada tipo biológico (llamado biotipo o somatotipo) señala una tendencia en cuanto a las proporciones del cuerpo, su desarrollo muscular y su apariencia. Si aceptamos la clasificación de Kretschmer en pícnico, leptosomático y atlético, podemos indicar

CUADRO 7

Tipologías constitucionales según Ernst Kretschmer
(resumen de características físicas)

Somatotipo	Constitución	Estructura	Tendencia física	Movimientos
Leptosomático	Alto, delgado	Musculatura débil, hombros caídos	Mayor delgadez con los años	Paso ligeramente tenso
Pícnico	Rechoncho, estatura mediana	Musculatura blanda, proporciones armoniosas	Contornos redondeados, acumulación de grasa en el abdomen	Movimientos nerviosos
Atlético	Robusto, estatura mediana o alta	Estructura poderosa, tronco fuerte	Naturaleza fornida y vigorosa	Figura elástica

que, mientras que el pícnico tiende constitucionalmente a engordar, el leptosomático engorda difícilmente. Existen otras tipologías, pero ésta es sencilla, comprensible y nos sirve como ejemplo (véase cuadro 7).

En cuanto a la base psicológica, que comprende el aprendizaje, nos interesa hablar de lo que la teoría psicoanalítica llama oralidad. Los estudiosos de esta corriente dividen el desarrollo de la «libido» (palabra que procede del alemán *liebe*, «amor») en tres etapas fundamentales: oral, anal y fálica o genital. Estas tres etapas son períodos del proceso de desarrollo que toda persona recorre desde que nace hasta que es adulta. Cada una de estas etapas se caracteriza porque el placer físico del individuo se centra principalmente en una parte de su cuerpo.

La primera etapa, la oral, es aquella en que el sujeto centra su placer en la boca y es, como se puede suponer, la primera etapa de la vida humana en que el bebé satisface su necesidad de placer a través de la boca. A través de la boca, el niño satisface varias necesidades y aprende varias cosas al mismo tiempo:

1. La necesidad de alimentarse, chupando la teta o el biberón.
2. La necesidad de ejercitar el órgano que tanto placer le causa, es decir, la boca. Lo ejercita por medio del chupete.
3. La boca le sirve también para reconocerse a sí mismo. Cuando el bebé se chupa las manos o los pies, nota una doble sensación, en las manos y en la boca, y averigua que eso es el yo, es decir, que eso que nota es él mismo.
4. También utiliza la boca para reconocer el entorno. Cuando chupa la teta, el chupete u otro objeto, la sensación es simple, sólo la siente en la boca y averigua que eso es el no-yo, es decir, lo que está fuera de sí mismo.

Después de esta etapa viene la fase anal, en que el sujeto centra su placer en el ano; es la etapa en que el bebé experimenta placer en retener las heces para luego liberarlas, a veces no hace pis ni caca hasta que se halla en brazos de alguien con quien se encuentra a gusto y relaja la tensión de sus esfínteres; de alguna manera, utiliza sus heces para manifestar afecto o bienestar.

Finalmente, llega la etapa fálica o genital, en que el placer se asienta en los órganos sexuales y el niño comienza a sentir placer al rozar o tocar sus genitales. Esto es, a grandes rasgos, lo que dicen los psicoanalistas.

Sucede que el bebé puede recibir excesivo o escaso placer en cualesquiera de estas etapas, pero ahora la que nos interesa es la etapa oral. Si recibe demasiado placer, porque se da a chupar con fruición todo lo que encuentra y sus mayores le proporcionan constantemente tetas, biberones, muñecos de goma y lo necesario para satisfacer su tendencia al chuperreteo, puede ser que la libido del bebé quede fija en este gran placer de la etapa oral y que desarrolle esa oralidad a lo largo de su vida, incluso adulta. Si no recibe el suficiente placer oral, porque no se puede satisfacer a gusto, es posible que también establezca su fijación en la etapa oral, para resarcirse de esa carencia.

Por consiguiente, si el sujeto continúa buscando ese placer, bien porque fue tanto el que sintió que quiere seguir repitiendo o bien porque no obtuvo el suficiente, tenderá siempre a buscar el placer oral del chicle, de los frutos secos, del cigarrillo, de la copa, de la comida y de la bebida en general. Uno de mis profesores de teoría psicoanalítica solía murmurar antes de iniciar la clase: «Un momento, que voy a sacar el chupete y el biberón.» Lentamente, extraía de su bolsillo un cigarro, que encendía amorosamente, y una petaquita de whisky, que colocaba sobre la mesa.

La etapa anal y la genital tienen también sus fijaciones, como hemos dicho, pero no es cosa que ahora nos interese detallar.

LA COMIDA COMO ANSIOLÍTICO

Pero la búsqueda del placer oral no solamente depende de que la persona lo haya experimentado excesivamente o de que le haya sabido a poco durante su infancia. La búsqueda del placer oral está también relacionada con la búsqueda de un paliativo para la ansiedad, para una ansiedad flotante que muchas veces se queda ahí, entre dos sensaciones, y que no sabemos a qué viene ni por qué se produce. La ansiedad es esa sensación vaga de falta de aire, de carencia de algo fundamental, de sentimiento de frustración ante algo que no llega y que no podríamos concretar qué es.

Ansiedad y angustia vienen a ser lo mismo, aunque algunos autores afirman que la ansiedad es psicológica y la angustia, física. La palabra angustia viene del alemán *angst*, que significa «temor, miedo», porque la angustia, o ansiedad, es un temor que surge ante una situación desconocida, peligrosa, oscura. Esa situación puede ser real o imaginaria. Real, cuando tememos que se produzca un daño y hay motivos razonables para que llegue a producirse. Imaginaria, cuando tememos ese daño y no hay motivos razonables para que se produzca, pero lo tememos igualmente. En todo caso, el miedo es libre y, haya o no haya motivos lógicos, no podemos impedir sentir temor o malestar. Ya los antiguos griegos sabían que somos una unidad psicosomática, que lo psicológico trasciende a lo físico y lo físico trasciende a lo psicológico. Así pues, reflejamos nuestros problemas psicológicos en el cuerpo y los problemas del cuerpo se trasladan muchas veces a la esfera psíquica. Hay muchas enfermedades que tienen un origen nervioso o psicosomático.

El organismo necesita dar una respuesta a todos los estímulos que le llegan. Si alguien nos insulta, ese insulto es un estímulo que llega y nuestro organismo se prepara para responder. Como se trata de un estímulo agresivo, la respuesta ha de ser, naturalmente, agresiva. Eso significa que el cuerpo dispone una serie de mecanismos de agresión para defenderse del ataque sufrido: pone en pie de guerra las hormonas necesarias; dilata las vías respiratorias para que haya mayor aporte de oxígeno y no se produzca fatiga; contrae los vasos sanguíneos para que, si hay pelea, no se pierda mucha sangre, y pone en marcha todos los dispositivos externos para asustar al agresor: el vello se eriza, los dientes tienden a entrechocar, los músculos de la cara se contraen, los dedos de las manos se ponen rígidos, etc. En fin, lo mismo hacen el gallo ahuecando las plumas antes de la pelea, el perro cuando eriza el pelo y enseña los dientes, y el gato cuando arquea el lomo y saca las uñas. Se trata siempre de hacer que el contrario se espante y que su rendimiento en la pelea sea menor o, incluso, que se paralice de puro pánico.

Todo eso no significa que hayamos de pelear a muerte con el que nos insulta; solamente quiere decir que nuestro organismo se prepara

para dar una respuesta de tipo agresivo. El que esa respuesta sea cuantitativamente más o menos agresiva depende de nuestra educación, de nuestros controles lógicos, del lugar en que nos encontremos y de la importancia que demos al insulto.

Y ¿qué pasa si no respondemos?, ¿qué sucede si, después de tanta preparación, la respuesta no se produce? A veces, inhibimos nuestras respuestas porque no consideramos que haya que responder; porque tenemos miedo a dispararnos y a cometer un desmán, o porque la persona que insulta tiene connotaciones familiares o sociales. El caso es que la respuesta no sale de nuestro organismo.

Aparentemente, no pasa nada. Aparentemente, nos guardamos la respuesta y ya está. Pero la biología se había puesto en marcha con sus hormonas y dispositivos y se queda viéndolas venir. Si esta situación se produce una sola vez, puede que no tenga resultados nocivos, pero si se produce con frecuencia, sí los tiene. Cuando el organismo dispone una y otra vez una respuesta biológica que no llega a cristalizar en acción, toda esa producción llega a dañar físicamente nuestros tejidos. Y entonces hablamos de somatización o de enfermedad somática. Si los tejidos dañados son los del estómago, hablamos de gastritis nerviosa o de úlcera de origen nervioso. Así hay asma nerviosa, cólicos nefríticos producidos por los nervios y un largo etcétera que sin duda conoces.

Las situaciones prolongadas de ansiedad son muy nocivas para el organismo, porque ya hemos dicho que la ansiedad equivale a temor y, cuando hay temor, el organismo prepara su respuesta biológica, ya sea de huida o de contraataque, pero siempre es una respuesta defensiva. Si la respuesta no se produce, es decir, si no podemos huir de la situación que nos genera ansiedad o no podemos contraatacar, normalmente porque ni siquiera sabemos qué es lo que nos la está produciendo, podemos llegar a sufrir una lesión física o psíquica. Cuando hay ansiedad, se ingiere gas, y éste se queda bailando dentro del cuerpo sin hallar una salida y termina por acumularse en alguna zona que, con el tiempo, presentará una de esas enfermedades que se llaman nerviosas o psicosomáticas. Cuando hay ansiedad, hay contracciones musculares, dificultades respiratorias y crispación, todo un cuadro de síntomas que dañan el organismo. Y el organismo hace cualquier cosa por liberarse de la ansiedad; unas veces la somatiza generando una de esas enfermedades, y otras echa mano de alguno de los mecanismos inconscientes de defensa que convierten la ansiedad en algún comportamiento neurótico.

La ansiedad se trata con ansiolíticos, esas pastillas que nos receta el médico para tranquilizar nuestro espíritu inquieto, para acabar con el insomnio y para conseguir estarnos quietos un rato en vez de estar dando saltos de aquí para allá. Pero los ansiolíticos no son solamente esas pastillas. Ansiolíticos muy comunes son el tabaco, la bebida o la comida. Casi siempre son placeres orales, casi siempre son actividades tendentes a paliar la necesidad de poner algo en la boca. Por cierto, excelentes ansiolíticos son la gimnasia respiratoria o prácticamente cualquier ejercicio físico, la música o acariciar a un animal de compañía. Cada uno tenemos nuestro ansiolítico eficaz por excelencia. Para los que engordamos sin orden ni concierto, el ansiolítico por excelencia es la comida.

Hay personas que han nacido para gordas y otras que no. Ya hemos dicho que eso pertenece a la herencia y vamos a dejarla a un lado. Pero lo que no vamos a dejar de lado es que hay personas que han nacido para no ser ni gordas ni flacas, quizá con cierta tendencia a engordar ante determinados productos o situaciones, y que han aprendido a no engordar. Y hay otras que no han nacido para gordas ni para flacas y que han aprendido a engordar. El aprendizaje es lo que puede cambiar a una persona y convertirla de delgada en gorda, de gordita en gordinflona o de gorda en delgada. Y en él centraremos nuestros esfuerzos a lo largo del libro, incluyendo el análisis y control de nuestro comportamiento y de nuestra ansiedad.

LO QUE HEMOS PROBADO

Quienes llevamos toda una vida a régimen, además de soportar una cruz, llevamos con nosotros, en numerosos casos, un aprendizaje inadecuado. En lugar de adaptarnos a nuestro medio, hemos tratado de que nuestro medio se adaptase a nosotros, por ejemplo, comprando ropa de la talla 52 cuando la nuestra de toda la vida ha sido la 44.

Hemos probado una y mil dietas, más o menos milagrosas o bien cimentadas; hemos aprendido a buscar en el supermercado el cartelón de «dietética»; a asociar la palabra *diet* o *light* a música celestial; a mirar las etiquetas de los productos para ver si indican las calorías contenidas por cada cien gramos; a pedir sacarina en el café o cola *light* en el bar; a comprar minarina en vez de margarina o mantequilla, pan de gluten o simplemente negro en lugar del pan blanco de toda la vida; a comer arroz, harina y pastas integrales, salsonesa en vez de mayonesa; hemos aprendido, con auténtico malestar, a escrutar los escaparates de los herbolarios y tiendas de productos dietéticos en busca de algo realmente apetitoso y que no engorde, engañándonos con turrón que no es turrón, con chocolate que no es chocolate y con bollos que no son bollos.

Hemos leído con fruición eslóganes como «Quítate dos pesos de encima: el sobrepeso y el estreñimiento». Hemos leído que la fibra se «infla» en el estómago, que no contiene calorías y que quita la sensación de hambre..., a quien se la quite, porque lo que es a nosotros, a los veinte minutos de hincharnos de fibra alimentaria en forma de pastillas, galletas o lo que sea, nos entra un hambre feroz y empezamos a recordar ansiosamente la barrita tostada con mantequilla que dan en aquella cafetería, los pinchos de chorizo a la sidra que sirven en aquel mesón o las galletas de coco que están en casa, solas y abandonadas en la alacena.

Hemos probado las dietas líquidas y menos líquidas de no sé cuántas mil calorías por toma, que sustituyen a una comida. O sea, desayunas, comes y, en vez de cenar, te tomas una galletita de ésas con un té. Nos han contado que con esa galletita y una buena dosis de líquido en forma de té, café o agua del grifo tomaríamos las proteínas y vitaminas suficientes para la cena y que nuestro estómago no reclamaría nada más.

Fulano y mengana han perdido hasta cinco kilos en una semana con esto. ¡Qué bien! Pero hemos aprendido que, a la media hora de haber tomado la galletita de marras y los dos litros de líquido correspondientes, nuestro estómago pide algo más, que nuestro intestino ruge y envía señales desesperadas a nuestro hipotálamo, clamando a gritos: «¿Qué pasa con la cena?» Y no hay manera de convencerle de que la cena era eso: la galleta. Al final, la galletita de chocolate, el batido de fresa o el bollicao de vainilla nos sirven de sobrealimentación y, en vez de adelgazar con la dieta, engordamos más.

Hemos probado también la dieta revolucionaria del superfamoso doctor Atkins, consistente en hacer recuento de carbohidratos en lugar de hacerlo de calorías, y en atiborrarnos de proteínas y grasas y olvidarnos de las frutas, los dulces, las legumbres y las pastas. Parece ser que tal régimen surgió en la Academia de las Fuerzas Aéreas de Estados Unidos y, desde luego, es aparentemente muy efectivo, porque a los quince días de «sufrirlo» nos hemos quitado una talla. Al principio, todo va sobre ruedas. No hay que quitarle la grasa a las chuletas, ni el tocino al jamón, sino todo lo contrario. En vez de leche, hay que poner nata en el café y, en vez de mordisquear palitos de zanahoria o pepinillos entre horas, mordisqueamos cortezas de cerdo y aceitunas. Podemos freír la carne con aceite o mantequilla, tomar el queso más graso posible y, si queremos frutas, conformarnos con meloncitos, moras y cosas semejantes, pobres en hidratos de carbono.

Al cabo de diez o quince días, no sólo hemos perdido una talla, sino que estamos hasta el gorro de grasas y tocinos ¡sin pan! Y nos morimos por una chirimoya, por una naranja gorda, por un plato de patatas o por unas buenas lentejas. Y a la primera de cambio, en cuanto nos atrevemos a entrapiñarnos un bocata, recuperamos la talla perdida en menos que canta un gallo. Y como no se puede estar toda la vida a base de proteínas y grasas, y buscar las vitaminas en la farmacia, tenemos que abandonar la dieta antes o después y ponernos a cuidarnos el colesterol y otras cosas.

Hemos intentado hacernos vegetarianos, para comprobar con desencanto que, al menos en nuestro organismo, el principio de que la dieta vegetariana lleva a la virtud y a la salud, y de que el consumo de productos animales lleva a la enfermedad, a la superstición y al crimen, no funciona en absoluto; porque, después de un hartazgo de vegetales, en cuanto que vamos a hacer pis unas cuantas veces allí no queda ni rastro, o al menos ésa es la sensación que nos produce, y nos morimos por darle un muerdo al jamón de bellota que cuelga ostentosamente del techo del bar o de la despensa, casi al alcance de nuestros afilados incisivos.

No quiero decir nada de la gimnasia y del deporte, que son de gran utilidad pero que, por sí solos, sin dieta, no nos han servido más que para abrirnos aún más el apetito y para aumentar la sensación de merecernos algo bueno. Después de todo el ejercicio que he hecho hoy, me zampo un buen plato de cocido, con su tocinito, su tuétano, sus garbancitos y todo el pringue reglamentario, que me lo he ganado a pulso.

Hemos comprobado que la dieta disociada de Hay, que separa las proteínas de los hidratos de carbono, funciona bastante bien y nos hace perder peso, pero como tenemos que comer con frecuencia en el restaurante, en la cantina o en casa de los papás o de los suegros resulta complicadísima de seguir, porque eso de comerse los garbanzos a mediodía y la carne a la noche no se puede pedir en el restaurante de enfrente de la oficina y, si el menú del día combina carbohidratos y proteínas, una de dos, o nos quedamos sin comer o pedimos a la carta y terminamos arruinándonos.

Sea como fuere, el resultado es que nos saltamos el régimen con bastante frecuencia, aunque, eso sí, involuntariamente y a causa de las circunstancias, bien ajenas ellas a nuestra voluntad; pero el caso es que nos lo saltamos, porque vamos a una comida de empresa, de amigos, de familia o de negocios y nos complica la vida el asunto de la disociación. Terminamos diciendo eso de: «Hoy ya no tiene remedio, porque el pescado estaba rebozado con harina, la morcilla era de arroz o la sopa de fideos estaba hecha con hueso de jamón, así que me he saltado el régimen y ya lo retomaré mañana.»

Estamos hasta la coronilla de oír, de leer y de comprobar en nosotros mismos que las dietas de control de peso fallan porque exigen efectuar cambios en los hábitos alimenticios, y que esas dietas suelen producir el efecto yo-yo cuando se alternan los períodos de dieta con los de alimentación normal, lo que nos lleva a continuas pérdidas y aumentos de peso. Naturalmente, las dietas cortas tienen ese inconveniente. Al principio se pierde mucho peso y muy rápidamente, porque lo primero que se elimina es agua, pero hasta que pasan unas tres semanas el organismo no empieza a eliminar grasas, sobre todo más grasas que proteínas, y si el régimen dura de dos a cuatro semanas habremos perdido varios kilos de agua y un poquitín de grasa. El agua la recuperaremos en cuanto dejemos la dieta y, en cuanto a la grasa, con el primer plato de judías con chorizo la tendremos de nuevo encima.

Hemos adquirido y solidificado el hábito de comenzar un régimen con todo el interés del mundo y con la voluntad más férrea posible, y que luego nos invitan a un ágape, a un cumpleaños, a una boda o, simplemente, que lleguen las Navidades o las fiestas patronales del lugar. Sabemos mucho de la frustración que se experimenta al llegar al lugar del evento y encontrarlo lleno de atrayentes comestibles, que nuestro régimen nos prohíbe siquiera oler. También sabemos del malestar que nos embarga cada vez que nos invita alguien a comer y estamos a régimen, y no tenemos la suficiente confianza como para decírselo; y vamos allá, sufriendo de antemano el mal rato de encontrarnos con unas magras con tomate y hasta con un cocido maragato, de los que se comen al revés, empezando por el pringue, siguiendo por los garbanzos y terminando con la verdura y la sopa.

En tales casos, nos hemos enfrentado al desdichado dilema que los psicólogos llaman conflicto evitación-evitación. Si no me lo como, me frustro terriblemente y frustro a mi anfitrión. Si me lo como, desgracio el régimen e inicio la peligrosa pendiente que empieza con la frase: «Total, por un día...»

Conocemos al dedillo los mil y un sufrimientos que hay que pasar cuando nos hemos propuesto seguir la dieta a pies juntillas y nuestra pareja, que tiene la condenada suerte de no engordar por nada del mundo, pide en el restaurante una tarta de chocolate y nata, que apabulla con su deslumbrante aspecto a nuestro miserable postre de naranja cortada en rodajitas.

Y no quiero mencionar las disputas familiares que surgen con ocasión de la compra, del planteamiento de los menús o de cualquier circunstancia relacionada con la alimentación. Todo lo que ellos pueden comer nos parece fascinante y lo nuestro, una birria. Y una de dos: o sufrimos en silencio la tentación constante de lo vedado, odiando cada cucharada que «se comen», o caemos una vez más y mandamos la dieta al cuerno.

Además, nos hemos acostumbrado a comer cualquier cosa, con tal de que no tenga calorías, por pura desesperación, por pura hambre, por ver si el estómago se calla de una vez.

Pero nos hemos olvidado de que, en el ser humano, la necesidad primaria de comer se subdivide en numerosas necesidades secundarias que atizan el fuego constantemente y que, por más que llenemos el estómago de lechuga, de batido de dieta líquida, de fibra alimentaria o de agua cristalina nuestro ilimitado campo estimular (tan ilimitado como nuestra imaginación) vuelve a la carga recordándonos la existencia de *croissanteries*, fondas donde cocinan como Teresa Panza, tiendas del pan, tiendas de *delicatessen*, bocadillerías, sandwicherías, restaurantes donde sirven cosas endemoniadamente buenas o, simplemente, la alacena de nuestra propia casa.

La respuesta biológica de nuestro organismo a los estímulos que nuestra propia imaginación produce es bien sabida: se nos llena la boca de agua (como a los perros de Pavlov, cuyo experimento veremos más adelante), el estómago empieza a acalambrarse y la ansiedad se apodera de nosotros y nos impulsa a buscar mil y un subterfugios para ir a la nevera a buscar el chocolate, para encaramarnos al estante más alto de la cocina y atrapar las rosquillas o para afilar el cuchillo y pegarle un tajo al jamón, cortando una maravillosa loncha bien adornada de tocino fresco y sabroso, que nos comeremos entre pan en un abrir y cerrar de ojos.

Y al cabo de un rato... mea culpa, mea *maxima* culpa...

Yo sigo mi propio camino

En esto de comer y adelgazar, hay personas que se someten a dictados médicos o a dictados estéticos. Y hay otras personas que deciden seguir su propio camino, sin hacer caso de lo que los demás puedan establecer o sugerir.

El propio camino puede ser el de las cremas reductoras o la liposucción, sobre todo ahora que se aplican con técnicas ultrasónicas y grandes avances tecnológicos. Pero eso no es adelgazar, sino moldear la figura y quedar como el Apoxiomeno o la Afrodita de Cnido. Claro que, para ello, hay que ser como el modelo del Apoxiomeno o como la bella Friné, con algunas grasas acumuladas en partes concretas que se eliminen con liposucción o con las cremas ésas, porque si se trata de un gordo o gorda cabales no lo remedian ni el gran Lisipo ni el maravilloso Praxíteles cincel en mano.

Pero muchas veces, «yo sigo mi propio camino» significa que a mí nadie me dice cuándo y cómo tengo que adelgazar o engordar. Equivale a decirse: «Ya sé que estoy engordando últimamente más de la cuenta, pero me detendré en un momento dado y dedicaré todo mi esfuerzo, todo mi entusiasmo y toda mi fuerza a perder estos kilos que tan alegremente estoy acumulando. Vamos, que engordo porque quiero, porque sé que puedo perder este sobrepeso cuando yo lo decida.»

Ese pensamiento puede conllevar una segunda lectura, que podría ser: «Ahora me aprovecho y como todo lo que me da la gana; ya sé que engordo pero, cuando empiece el régimen, no podré disfrutar de estas cosas tan apetecibles, así que ahora me inflo y que me quiten lo bailao.»

Cierto, porque precisamente la pérdida de la posibilidad de disfrutar de las cosas buenas genera una cantidad de ansiedad considerable. No solamente en la conducta alimentaria, sino en cualquier conducta. ¿Por qué se acaba a veces la pasión amorosa y se convierte en afecto tranquilo? Porque, al conseguir al objeto amado, desaparece la ansiedad que su posible pérdida generaba. Cuando el objeto amado es inconstante, la pasión se mantiene encendida, porque la ansiedad ante su posible pérdida no desaparece así como así. Por eso dicen que a la mujer liviana se la mata, pero no se la deja. Y también se dice que a las mujeres, en el fondo, los que nos gustan son los sinvergüenzas y no los buenos chicos.

La ansiedad se genera y acrecienta ante la pérdida del objeto y, cuando el objeto es la mantequilla, el bocata, el chocolate o los chorizos en olla, su pérdida genera una gran ansiedad que nos impele a devorar esos productos precisamente en las épocas «entre dietas»; es decir, cuando no tenemos encima la espada de Damocles del régimen de turno. Eso y no otra cosa suele ser el causante del llamado efecto yo-yo, aunque a veces es la propia naturaleza la que nos juega la mala pasada y engordamos porque sí, solamente por dejar el régimen; en todo caso, hay que saber que esto último no es normal.

Otras veces, el propio camino nos lleva a engullir vorazmente un alimento de los más prohibidos, es decir, de los que más engordan, pensando al mismo tiempo: «A ver si me da un cólico y no vuelvo a probarlo en la vida.» Pero que si quieres arroz, Catalina, porque, después del cólico, a los tres o cuatro días ya volvemos a recordar el festín con nostalgia.

Todo se debe a un desafortunado aprendizaje que nos lleva toda la vida de dieta en dieta y tiro porque me toca. Y cuando me toca, me

pongo como el chico del esquilador (el Quico), porque así me desquito para cuando no me toque, que la vida son dos días y no va uno
a privarse de todo.

Así pues, en un elevado porcentaje de casos, si lo piensas un
poco, el gordo sabe por qué engorda y conoce perfectamente los productos que le engordan y los que no; también conoce a la perfección
los períodos de tiempo en que está engordando y es totalmente consciente de que está amontonando kilos y de que tiene un timbre en la
conciencia que le grita sin cesar su malhacer, y otro que le consuela,
alegando que ya adelgazará, que tiempo tendrá para ello, que todo es
proponérselo y que, igual que otras veces se lo ha propuesto y ha
adelgazado, esta vez también será así.

Es el mismo planteamiento que se instala en otras adicciones.
«Ya sé que bebo más de la cuenta, pero puedo dejarlo cuando quiera. Ya sé que me estoy pasando en el bingo, pero en cualquier momento dejo de ir.» Luego, resulta que no es tan fácil.

«Ya sé que estoy engordando, pero, cuando quiera, me pongo a
régimen y adelgazo», es una frase que puede ser verdad en unas ocasiones y no serlo en otras. Porque no siempre el organismo está dispuesto a eliminar lo que le sobra así como así; y cuando nos hemos
acostumbrado a quitarnos y ponernos los kilos en un plazo breve,
puede llegar el momento en que veamos que esos kilos no salen ni a
la de tres. Y entonces viene la decepción, la desmotivación, el llorar y
el crujir de dientes. Tampoco contamos siempre con los recursos necesarios para quitarnos los kilos. A veces, empezamos la dieta y conseguimos el éxito, pero llegan otros momentos en que nuestra voluntad se resiste o las circunstancias se muestran adversas y no hay
manera de quitarnos los dichosos kilos. Y entonces, ¿qué? El propio
camino se ha desbaratado.

«Ya sé que estoy engordando, pero, cuando quiera, me pongo a
régimen y adelgazo», es una frase que esconde una huida. La sola
idea de plantearnos iniciar un régimen de adelgazamiento nos llena
de malestar y esa frase aleja el planteamiento de la esfera de los intereses inmediatos. «Como ya sé que puedo hacerlo, no necesito hacerlo ahora.» Lo malo es que el tiempo también ejerce su función devastadora. Cuanto más tiempo pase, más difícilmente se eliminarán los
kilos y más arduamente se modificará la conducta inadecuada. El

tiempo afianza el sobrepeso y consolida el mal comportamiento. ¿No sería mejor utilizar el tiempo para consolidar la pérdida de peso y la conducta adecuada? Porque ésa es una de las bases de este método: el tiempo. El tiempo bien empleado, claro, no para huir, sino para asentar logros.

Capítulo 3

¿Merece la pena adelgazar?

*A*DELGAZAR PUEDE ser más fácil o más difícil, dependiendo de numerosos factores; pero qué duda cabe de que todo proceso de adelgazamiento implica una serie de renuncias, controles, evitaciones y frustraciones; porque, a estas alturas, no creemos en la magia blanca ni negra y no se nos ocurre que se pueda adelgazar mediante otro sistema que no sea sufriendo.

Por tanto, antes de decidirnos a abordar este u otro método de autoeducación para perder para siempre los kilos que nos sobran, es absolutamente imprescindible llegar a la conclusión unilateral y definitiva de que merece la pena adelgazar y tomar la decisión con todas las de la ley.

EL ESQUEMA CORPORAL

El esquema corporal es la representación mental del propio cuerpo, que se forma mediante la percepción de elementos reales y a veces irreales, es decir, añadidos. Eso quiere decir que hay personas que carecen de un miembro, por ejemplo de un brazo, y que perciben ese miembro como si aún lo tuvieran. Este fenómeno se llama «el miembro fantasma» y se da en ocasiones en personas cojas que, a veces, sienten dolor en la pierna que les falta.

Ante todo, hemos de saber que la percepción del esquema corporal es el resultado de una serie de funciones parciales que nos permiten identificar adecuadamente el propio cuerpo y lo que le rodea.

La representación que tenemos de nuestro cuerpo se diferencia bastante de la que tenemos de los demás objetos. Elaboramos esa imagen a partir de los sentidos corporales, externos e internos, a los que Pavlov llamó analizadores. Los sentidos externos son los que ya conocemos: vista, oído, olfato, gusto y tacto; los sentidos o analizadores internos están dentro de nuestro organismo y envían señales al sistema nervioso central indicándole, por ejemplo, que la longitud de nuestra pierna no da para cruzar ese charco, aunque nuestros ojos nos engañen y la veamos más larga de lo que es.

De pequeñitos, estudiamos y aprendemos nuestro esquema corporal a base de chuperretearnos los pies y las manos, para saber dónde acaba nuestro cuerpo y dónde empieza la almohada o el osito de peluche. Como hemos mencionado anteriormente, si hay una sola sensación en la boca, es el osito o la almohada; si hay una sensación doble en la boca y en el pie, es parte de nuestro cuerpo. Otras veces estiramos desesperadamente el brazo para asir un objeto situado a salvo de nuestro furor destructor; pero, a fuerza de estirarlo y de no llegar, terminamos por conocer la longitud real de nuestro brazo. También lanzamos objetos a diestro y siniestro, ante la desesperación de nuestros papás, que creen que lo tiramos todo para fastidiar, cuando en realidad estamos aprendiendo las nociones de distancia y profundidad, y consolidando la longitud de nuestros bracitos.

Carmelo Monedero, psiquiatra y profesor de psicopatología, psicología evolutiva y otras materias, dice que la percepción del cuerpo tiene más de imagen que de percepción propiamente dicha; dice también que la manera en que vivimos nuestro cuerpo se diferencia mucho de lo que vemos en los libros de anatomía, pues no lo percibe igual un bailarín que un funcionario. Eso significa que la forma de vida que llevamos termina por formar la imagen de nuestro cuerpo.

Y está claro que es una imagen porque, cuando escuchamos por primera vez una grabación de nuestra voz o nos vemos en plena acción en una película, hay que ver la de chascos que nos llevamos con nosotros mismos.

Eso se debe a que el cuerpo no se percibe como un armario o una butaca, sino que es una imagen elaborada de forma muy compleja e integrada por múltiples elementos.

Probablemente y siempre siguiendo a Carmelo Monedero, el esquema corporal es la base fisiológica de la imagen corporal que nos formamos a lo largo del tiempo y tiene mucho ver con nuestro proceso de identificación; todos nos identificamos con alguna persona, de nuestro sexo o del opuesto, durante el camino que recorremos desde la más tierna infancia hasta el final de la adolescencia.

En todo caso, la imagen es una elaboración dinámica y psicológica, mientras que el esquema corporal es algo que queda representado en nuestro cerebro.

Existe una relación entre la imagen corporal y el peso ideal. A veces, nuestro peso ideal, el que marcan los cánones, no coincide con nuestro peso real y, sin embargo, nuestra imagen corporal es excelente. Nos vemos bien, nos encontramos bien, nos miramos al espejo y nos piropeamos por lo bajo, observamos con orgullo que la ropa nos cae «como un guante»... Pues nada, a paseo con el peso ideal.

Otras veces nuestro peso real es acorde con nuestro peso ideal, pero nuestra imagen corporal es mala. Todo nos cae mal, no hay manera de encontrar una prenda de vestir decente y, si nos miramos un rato largo al espejo, nos entran ganas de llorar. La vivencia de nuestro cuerpo ha tropezado con algo que nos resulta inamovible, inmisericorde y doloroso: el principio de la realidad.

El ser humano (y también el menos humano, desde luego) posee un mecanismo de búsqueda de lo placentero y de evitación de lo displacentero. Sigmund Freud llamó «principio del placer» a este mecanismo y llamó «principio de la realidad» al conjunto de consideraciones sociales, éticas, ambientales, culturales, etc., que obligan al individuo a controlar o a sustituir las exigencias surgidas del principio del placer.

Aplicando estos conceptos a nuestro caso, el principio del placer nos impele a considerar nuestro cuerpo como algo bello y satisfactorio; pero, como nos hemos dejado durante mucho tiempo y hemos engordado sobremanera, cuando nos enfrentamos al espejo o a la foto tropezamos con el principio de la realidad y ahí es el llorar y el crujir de dientes.

Queda algo por decir y es que, a veces, somos también capaces de desvirtuar el principio de la realidad y de modificarlo, de manera que el tropiezo desafortunado con él no sea ya objetivo, sino subjetivo. Es decir, la realidad no es la que ve todo (o casi todo) el mundo, sino una realidad nuestra, que vemos exclusivamente nosotros.

Si no hemos alcanzado esa cima psicológica que se llama autoestima, puede ser que no nos queramos o, simplemente, que no nos gustemos. En lo que a la imagen corporal se refiere, es posible que la nuestra sea agradable para los demás y desagradable para nosotros, por diferentes motivos.

Es bastante corriente escuchar, sobre todo entre mujeres, decir a una de ellas: «Tengo que quitarme de encima un montón de kilos.» Y cuando las demás le preguntan sinceramente asombradas: «¿Tú? ¿Dónde tienes tú kilos de sobra?» Ella insiste golpeándose una parte de su cuerpo, generalmente las cachas: «Aquí.»

La percepción que las demás mujeres tienen de la imagen corporal de nuestra protagonista es estéticamente agradable, mientras que ella percibe de sí misma algo que no le gusta. ¿Quién ha desvirtuado el principio de la realidad? Podría decirse que, como se trata de varias contra una, es la una la que lo ha trastocado; pero la cosa no es tan sencilla, porque podríamos ahora entrar en el debate de que la objetividad no existe, ya que no es más que un conjunto de subjetividades. En todo caso, la realidad de cada uno es la realidad y no hay más que hablar. Si las demás la ven bien y ella se ve gorda, no habrá forma de convencerla de que no lo está, al menos no habrá forma fácil de convencerla.

Se seguirá viendo gorda aunque se quite toda la carne de sobre los huesos y se convierta en la imagen a la que Lope de Vega rechazó con el grito: «¡Atrás la flaca!»

Por el contrario, podemos aplicar el cuento a la percepción que de sí mismas tienen muchas personas entradas en carnes o decididamente gruesas. Nos acostumbramos a nuestra imagen, como nos acostumbramos a tantas otras cosas, por el mero hecho de percibirlas con frecuencia. Cuando iniciamos la carrera hacia la obesidad, podemos vernos gordos al mirarnos al espejo o al ir a comprarnos prendas de vestir. Y nos echamos las manos a la cabeza, nadie lo duda, pero continuamos la carrera ganando cada vez más kilos. Como se trata de un proceso generalmente lento y nos miramos al espejo con frecuencia, nos vamos habituando a nuestra nueva imagen y cada vez nos miramos con más tolerancia: «Tampoco estoy tan gordo.»

Los mecanismos de la habituación están presentes en el cerebro humano precisamente para eso, para dejar de dar un respingo cada vez que nos encontramos con un estímulo. La primera vez que lo percibimos nos sorprende, nos llama la atención y damos el respingo;

la segunda vez, menos, y la tercera o la cuarta vez dejamos de sorprendernos, deja de llamarnos la atención y dejamos de dar el respingo. Lo mismo sucede con nuestra propia imagen modificada tras aportarle unos cuantos kilos. La primera vez que nos observamos, creemos hacerlo con ojos críticos, porque nos llama la atención lo mucho que se nos ha extendido la cintura y lo mucho que se nos ha ampliado el caderamen, o bien advertimos que nuestra cara ha adquirido el aspecto de la luna llena. La siguiente vez no nos parece que la cosa sea para tanto y, al cabo de tres o cuatro veces, decidimos que estábamos exagerando. Ha entrado en juego el mecanismo de la habituación, que hace que nuestra respuesta a un estímulo ya conocido sea cada vez más débil; también ha entrado en juego alguno de los numerosos mecanismos de defensa que tenemos por ahí disponibles para alterar un pelín la realidad, nada peligroso, lo justo para quitarnos de encima la ansiedad que nos supondría concienciar que cada vez ganamos más peso, que cada día nos alejamos más de la imagen ideal que teníamos de nosotros mismos y que a ver cuándo decidimos tomar cartas en el asunto.

Además de todo eso, aprendemos a desarrollar estrategias para engañarnos con toda la desfachatez del mundo. Ropa más amplia, posturas más favorecedoras y todo lo necesario para vernos mejor de lo que realmente nos ven los demás. La sorpresa suele llegar cuando nos vemos en una película o incluso en una fotografía: «¡Mira que salgo mal en las fotos!» Tenemos recursos para todo.

LO QUE TE VA A APORTAR ESTE LIBRO

Entre los trastornos de la conducta alimentaria, hemos mencionado los que padecen un buen número de ciudadanos y ciudadanas, que les llevan de dieta en dieta a lo largo de su vida, aparentemente sin solución. Hemos hablado de gula, de adicción a la comida y de descontrol ante la comida, así como de incapacidad para someterse a un régimen y mantener el peso y la figura conseguidos tras duros esfuerzos. Hemos hablado de personas que llevan toda la vida a régimen y que nunca se ven satisfechas de su peso; personas que tan pronto abandonan la dieta, recuperan, a veces con creces y con propina, lo perdido. Ahora lo tomo, ahora lo dejo, ahora gano, ahora pierdo, ahora engordo, ahora adelgazo. Este libro propone una metodología para adelgazar para siempre y no volver a engordar, al menos, para no volver a engordar la ristra de kilos que nos echamos encima cada vez que dejamos la dieta. Y como precisamente ese método ha de reemplazar a todas las dietas y regímenes probados y por probar, va dirigido también a este tipo de personas.

Por supuesto que también es adecuado para quien no haya probado nunca un régimen y haya decidido que ya es hora de hacerlo. También lo es para quien haya finalizado una dieta y se haya quitado de encima algunas toneladas que le sobraban, y ahora esté pensando en qué hacer para no volver a engordar. El método les resultará igualmente válido, con la diferencia a su favor de que las primeras etapas tendrán una duración mínima o, incluso, podrán comenzar por la tercera o cuarta etapas.

Sea cual fuere tu situación, puedes plantearte la pregunta del millón: «¿Merece la pena adelgazar?» Si no lo has hecho hasta ahora, plantéate: «¿Por qué tengo yo que adelgazar?»

La respuesta puede ser muy variada: porque he perdido la cintura y me doy pena; porque me he convertido en una señora gorda, de esas que tanta gracia me hacían cuando era pequeña; porque a este paso, tendré que ensanchar las puertas; porque voy camino de la obesidad morbosa; porque no soy capaz de subir una cuesta sin resoplar; porque me paso la vida sudando y durmiéndome después de comer; porque se me hinchan las piernas; porque me han salido unas estrías en la tripa que da miedo verlas; porque me espanta la celulitis; porque tengo miedo a una insuficiencia cardíaca o respiratoria; porque apenas me muevo, me fatigo como si tuviera cien años; porque tengo la columna hecha una pena de tanto cargar con un peso excesivo...

Éste es, podríamos decir, el grupo de respuestas «lógicas» u objetivas; pero a él se puede añadir otro grupo de respuestas subjetivas como: por no oír a fulano; para que mengana me deje en paz de una vez; porque no me sirve la ropa; porque no se estilan las gorduras; porque no conozco a nadie que esté tan gordo como yo; porque soy el más gordo de mis amigos; porque me paso la vida buscando con la mirada a otra más gorda y cada vez me cuesta más encontrarla...

A estos porqués se oponen con mayor o menor facilidad todo tipo de argumentos: si me he convertido en gorda, ¿a quién le importa?, ¿acaso mi familia o mis amigos han dejado de quererme por ello?; si me canso cada vez que me muevo, la solución está en no moverme innecesariamente.

En cuanto al miedo a las insuficiencias cardíacas o respiratorias, como se sitúan en el futuro y ni siquiera existe la certeza de que se vayan a presentar, son fácilmente eludibles ante el poder actual de un apetecible pastel bien tangible. «¡Ya adelgazaré cuando se presenten los primeros síntomas de insuficiencia, si es que se presentan!»

Lo de la ropa se soluciona fácilmente, porque ¿hay algo más deseable que renovar el guardarropa? Además, existen numerosas tiendas especializadas en «tallas grandes» y hasta los sistemas de venta por catálogo tienen sus «tallas especiales». En cuanto al tostón de fulano o de mengana, es el mismo que hay que escuchar y aguantar a los no fumadores que practican el proselitismo y marean a todo el que osa fumar; y es raro que alguien (a menos que no sea un verdadero fumador) deje de fumar sólo por no escuchar tales tostones.

Después de todas estas consideraciones en pro y en contra, vuelve a plantearte la pregunta: «¿Merece la pena adelgazar?»

«¡Claro! —la respuesta puede ser inmediata—. Pues naturalmente que merece la pena adelgazar, ¿quién quiere estar como un hipopótamo pudiendo estar como es debido?»

Quizá no te has planteado bien la pregunta: «¿Merece la pena enfrentarse a todos los sacrificios, renuncias y malos ratos que supone la pérdida de peso?» Eso ya es otro cantar, ¿verdad?

Pues bien, ante todo, es imprescindible que la decisión de adelgazar sea única y exclusivamente tuya; no vale que te convenzan o que te compense más o menos, sino que realmente hayas decidido adelgazar de una vez por todas y para siempre jamás. Exacto, para siempre jamás.

¿Cuántas veces te lo has propuesto y cuántas has fallado a tu propio convencimiento y a tus propios propósitos? Mil, pero ésta no va a ser la mil uno. Esta vez vas a comprobar que SÍ PUEDES. Si pueden otros, tú no vas a ser menos. Esta vez vas a averiguar que NO ES TAN DIFÍCIL, que hay modos de perder peso para siempre, sin sufrir gran cosa.

Si ya has probado mil dietas y regímenes, tienes experiencia. La puedes utilizar, pero con la inmensa diferencia de que las otras veces has recuperado lo perdido al abandonar el método y esta vez no. Porque no hay nada que abandonar y la modificación se va a ir produciendo en ti, sin apenas notarlo. Cuando quieras darte cuenta, el sistema se habrá consolidado en tu conducta y, con él, los kilos perdidos se habrán esfumado para siempre.

Perder peso, como dejar de fumar, requiere una serie de condicionamientos, aprendizajes y desaprendizajes que no hay que tomar a la ligera. Por tanto, como el camino es largo y supone una modificación bastante profunda de ciertos hábitos, no sólo alimenticios, sino de todo un proceso de autoeducación y de un cambio de filosofía, es total y absolutamente imprescindible que la decisión sea totalmente tuya y bien firme; nada de probar a ver si esto funciona.

Toda modificación supone, evidentemente, una renuncia. Cuando estamos acostumbrados a funcionar de una manera que ya nos resulta habitual y cómoda, es molesto modificarla, cambiar ciertas cosas, agregar unas y eliminar otras. No digo que sea fácil o difícil, simplemente que requiere un esfuerzo.

Por tanto, volvemos a plantear la pregunta del millón: «¿Compensa realmente tomarse la molestia de adelgazar, de comenzar un proceso de autoeducación, para obtener la pérdida definitiva del sobrepeso ese que tanto nos fastidia?»

Los procesos psicológicos que llevan a situaciones patológicas o simplemente equívocas son, afortunadamente, reversibles. Eso quiere decir que cualquier situación de malestar psíquico puede llegar a curarse o al menos a mejorarse mucho. Pero es evidente que nada se cura por arte de magia; está claro que un proceso que lleva diez, quince o veinte años asentado en un organismo y en una conducta no se modifica en unos minutos, sino que requiere un tiempo de aprendizaje y de adaptación. A nadie se le ocurriría pensar que una persona es capaz de cambiar sus esquemas de la noche a la mañana, porque, si tal hiciera, significaría que esos esquemas estaban sujetos con alfileres, no consolidados.

Llevamos años aprendiendo a comer mal, a engordar y, por supuesto, a sufrir. No podemos, por tanto, pretender desaprender lo mal aprendido, adelgazar y dejar de sufrir en unos días. Pero sí podemos tener en cuenta que el método que vamos a llevar a cabo es factible, que está al alcance de cualquiera y que no requiere grandes dosis de sacrificio ni nada de eso que tanto nos asusta. Las renuncias son temporales, la voluntad tiene apoyos, los resultados son evidentes y el camino está salpicado de satisfacciones y refuerzos.

Lo ha probado bastante gente y a todos dio resultado. A ti también te lo dará. ¿O es que has de ser tú menos que los demás? Solamente aplicando la filosofía del método, se consiguen resultados positivos; así que, aplicando la metodología completa, el éxito es seguro.

Además, todos contamos con una serie de recursos puestos ahí por la sabia madre naturaleza para salir de cualquier situación perversa en que hayamos caído. Esos recursos son los que vamos a movilizar para conseguir nuestra meta. Los veremos en el siguiente capítulo.

Puestas así las cosas, seguro que merece la pena adelgazar.

Capítulo 4

Los recursos

*S*E SUPONE QUE, al llegar hasta aquí, lector o lectora, tienes ya claro que quieres quitarte de encima los kilos que te sobran *per omnia saecula saeculorum*. Porque de lo que se trata, como ya hemos dicho, es de adelgazar para siempre, no de empezar una nueva dieta o un nuevo método para perder esos kilos hasta volver a recuperarlos y recomenzar una vez más.

Ya hemos visto y oído mil veces que no hay soluciones mágicas, sobre todo, para resolver problemas lógicos; porque esto de las gorduras es un problema de aritmética, como vimos al principio. Si ingiero 2.000 calorías y quemo 1.000, engordo. Si ingiero 1.000 y quemo 1.000, me quedo como estoy. Pero como lo que quiero es adelgazar, ¡ay!, no me queda más remedio que ingerir 1.000 y quemar 1.200. O ingerir 800 y quemar 1.000.

LOS PILARES DE LA AUTOEDUCACIÓN

El método autoeducativo que vamos a aprender tiene tres pilares imprescindibles, que han de estar presentes en todo momento, para llevar a cabo este proyecto: motivación, voluntad y metodología.

La motivación

El primer pilar de nuestro método es la motivación, porque sin ella no haremos nada. La motivación es el motor que encamina la conducta hacia una finalidad y, por tanto, si no contamos con motivación para perder peso y para convertirnos de gordos en «normales», más vale abandonar y dejarlo para mejor momento, es decir, para cuando se presenten los motivos.

Tu motivación está presente desde el momento en que estás le-
yendo este libro. Lo que vamos a hacer va a ser reforzarla, darle apoyo y permitirla fluir suave y continuamente, casi sin notarlo. El método se ocupará de ello, porque irá salpicando de refuerzos cada una
de las etapas que conducen a la meta.

La motivación es lo que te lleva a emprender esta tarea y ha surgido en ti, porque no quieres seguir estando como estás, sintiendo lo
que sientes y soportando lo que soportas. El sobrepeso equivale a llevar a cuestas un saco con un peso idéntico a los kilos que te sobran.
Las consecuencias las hemos visto ampliamente en el primer capítulo. La motivación es la que te induce a soltar ese lastre para no sufrir
dolores de espalda, para no sufrir la conmiseración de las dependien-
tas de la tienda de ropa o para no sufrir la autocompasión ante tu
imagen en el espejo.

Ésa es la motivación que podríamos llamar «para dejar de». Hay
otra motivación que podemos llamar «para», sin más. Es motivación
«para» sentirte a gusto con tu cuerpo y con tu espíritu. Con tu cuerpo, porque tendrás mejor imagen, mayor flexibilidad y más salud.
Con tu espíritu, porque saldrás con la autoestima acrecentada por
haber sido capaz de un logro semejante.

Ya sé que otras veces has fracasado. ¿Y qué? Otras veces no te
han propuesto algo tan llevadero y tan lógico como esto. Otras veces
has hecho el propósito de ir adelante, e incluso lo has cumplido, pero
no has sido capaz de mantenerlo. Porque el mantenimiento es para
toda la vida y tú lo sabes muy bien. Y el concepto «para toda la vida»
resulta intolerable. No es fácil comprometerse a persistir toda la vida
en algo. Otras veces has iniciado el régimen y has comprobado que,
antes o después, volvías a las andadas. Y eso ha hecho que perdieras
la motivación para continuar, sabiendo que todo lo que ibas a conseguir era perder unos kilos, tras una temporada de esfuerzo y sacrificio, para después recuperarlos y añadir la frustración al fracaso. Eso
desmotiva a cualquiera, claro está.

Esta vez no va a ser así, porque no vas a enfrentarte a algo que
haya que mantener con esfuerzo y sacrificio, ni siquiera te vas a en-
frentar a la ansiedad que supone eliminar de la esfera de los placeres
las cosas buenas de comer. Esta vez no vas a tropezar con la desmotivación de saber que, tras el éxito aparente y provisional, viene un

nuevo fracaso. Porque esta vez no vas a ponerte a régimen para perder unos kilos y para luego recuperarlos al abandonarlo. Esta vez vas a aprender a comer. Tal cual. Aprender a comer significa llegar a disfrutar de la comida, a hacer duradero el placer de comer y a recrearte con lo que te gusta.

Y para eso no te va a fallar la motivación.

La voluntad

El segundo pilar de nuestro método es la voluntad. Es evidente que, sin voluntad, no es posible lograr absolutamente nada que entrañe la menor dificultad. Es imprescindible «querer» hacer algo, para que ese algo nos empiece a interesar y desencadene la motivación necesaria para ir a por ello.

En las *Confesiones,* de Juan Jacobo Rousseau, hay un párrafo que tiene mucho que ver con nuestro propósito y que creo que merece la pena analizar. Ahí va:

«La virtud nos cuesta trabajo sólo por nuestra culpa y, si pudiésemos ser siempre buenos, raras veces tendríamos necesidad de ser virtuosos. Pero nos dejamos llevar de inclinaciones fáciles de dominar, cedemos a pequeñas tentaciones cuyo peligro menospreciamos e, insensiblemente, caemos en situaciones peligrosas, que hubiéramos podido evitar sin pena ni esfuerzo, pero de las que ya no podemos salir, sino por medio de esfuerzos heroicos que nos asustan y caemos al fin en el abismo, clamando a Dios ¿por qué me hiciste tan débil? Pero, a pesar nuestro, responde en nuestras conciencias: Te he hecho tan débil para salir del abismo, porque te he hecho bastante fuerte para no caer en él» *[sic].*

Si nos aplicamos el cuento, podemos llamar virtud a la fuerza necesaria para perder los kilos y para no volverlos a recuperar, y podemos llamar ser buenos a mantener una conducta alimentaria adecuada. Por tanto, si mantuviésemos siempre la conducta adecuada, no tendríamos necesidad de echar mano de nuestras fuerzas y recursos para recuperar el peso idóneo. Nos dejamos llevar de inclinaciones fáciles de vencer, que son esas pequeñas tentaciones de «por una vez» o «por un día», menospreciando el peligro que suponen; y sin darnos cuenta, caemos en el abismo, es decir, en el hábito de saltarnos a la torera nuestras buenas intenciones y de volver a las malas costumbres anteriores, que nos llevan de nuevo al desastre, a amontonar kilos y kilos sobre nuestra pobre columna vertebral, resentida ya desde antaño y abocada a cualquier catástrofe.

Y ya solamente podremos salir de la situación mediante esfuerzos heroicos que nos supondrán grandes sacrificios y malestares. Finalmente, la moraleja que el mismo Rousseau expone es que somos lo bastante fuertes como para no caer en el pozo del que luego seremos débiles para salir.

Hay muchas personas que se autoclasifican de «carentes de voluntad»: «¿Voluntad yo? ¡Ninguna! Si yo tuviese voluntad no estaría donde estoy ni habría llegado a esto», «Yo, es que no tengo fuerza de voluntad alguna».

Yo diría que tales expresiones, más que carencia de voluntad, lo que entrañan es una forma de autoprotección, algo así como un seguro contra el fracaso. Porque esas personas no sólo dicen que no tienen voluntad, sino que alardean de ello y, si me apuras, hasta demuestran cierto orgullo. ¿Alguien puede realmente sentirse orgulloso de carecer de voluntad? Y, sin embargo, esas manifestaciones suelen hacerse con el semblante plácido y sonriente de quien se encuentra satisfecho consigo mismo.

Sin voluntad no se puede vivir. La voluntad es necesaria para andar por la vida, para realizar unos estudios, para lograr un trabajo, para fundar una familia, para salir adelante y para arrostrar los dos mil conflictos que nos ponen sitio diariamente. Y si una persona tiene voluntad para todo eso, ¿cómo no va a tener voluntad para seguir un método de adelgazamiento? Si una persona ha sido capaz de vencer cientos de obstáculos en la vida, para llegar a una posición social y familiar, ¿cómo no va a ser capaz de enfrentarse a los pequeños conflictos que supone seguir un método para aprender a comer?

¿No será más bien que confesando no tener voluntad nos libramos del compromiso de seguir adelante? ¿No será más bien un modo de tirar la toalla de antemano, por si se nos cae a mitad de camino? ¿No será más bien una manera de advertir a los demás que no deben confiar en

nosotros, por si fallamos? ¿No será más bien una forma de justificar
nuestro futuro fracaso ante nuestros propios proyectos?
No es tan difícil, vas a verlo. Para eso está el método. Para llevar-
te de la mano y fortalecer tu voluntad con motivos, premios, consideraciones, tolerancia y comprensión.

La metodología

El tercer pilar es la metodología, porque no es posible plantearse
un proyecto tan importante, como modificar los hábitos alimentarios
de por vida, sin un plan estructurado con sus metas, sus procedi-
mientos y sus previsiones. La metodología depende de la disciplina,
porque nadie que carezca de ella es capaz de aplicarse un método. Y
cabe decir de la disciplina todo cuanto hemos dicho de la voluntad.
«¿Disciplina yo? ¡Ni pum!» La disciplina nada tiene que ver con
las artes militares, con la aceptación y con el seguimiento ciego de las
normas impuestas por el mando. La disciplina puede ser férrea o flexible, ¿lo sabías?, y otra cosa no tendrá este método, pero lo que es flexibilidad, toda la del mundo. Lo vas a comprobar desde el primer día.
La metodología a seguir no supone prepararse de antemano con
ejercicios de artes marciales ni lavarse el cerebro con meditación tras-
cendental. La metodología a seguir es sencilla, flexible, adaptable a
cada situación y perfectamente llevadera con cualquier forma de
vida, ya sea ésta agitada o tranquila, sumida en la vorágine laboral o
que transcurra plácidamente en el hogar, en el pueblo o de vacaciones. Da lo mismo. La disciplina solamente consiste en disponerte a
aprender algunas cosas que hasta ahora no habías aprendido y en
disponerte a desaprender otras que sí habías aprendido.

EXAMEN DE CONCIENCIA

El examen de conciencia no es más que el análisis de la situación
que nos ha llevado a convertirnos en una persona obesa, o simplemente entrada en carnes, de sus porqués y de lo que estamos haciendo con esa situación. Veámoslo.

¿Qué ha sucedido?

Ha sucedido que hemos llegado a un sobrepeso intolerable para nuestra salud, para nuestro sentido de la estética y para el riesgo futuro, no ya de complicaciones cardiovasculares, reumáticas y diabéticas, que afortunadamente son inciertas, sino para el riesgo absolutamente cierto de que esto va a ir a más, de que cada vez pesaremos más kilos y de que cada vez será más difícil perderlos: no solamente porque, a mayor edad, mayor es la dificultad fisiológica para modificar las tareas del organismo, sino porque, cuanto más tiempo ejercitemos la conducta inadecuada, más difícil será desaprenderla, aprender la nueva, ponerla en práctica y consolidarla. Esto ya lo hemos dicho anteriormente, pero no viene mal repetirlo.

La caída suele ser, como dice Rousseau, paulatina. Empezamos por el placer de lo que nos gusta; seguimos a la búsqueda de ese gran refuerzo que es la comida placentera, es decir, no solamente la comida como satisfacción del instinto básico del hambre, sino como satisfacción del puro placer oral. Cuanto mayor es el refuerzo (placer) obtenido, mayor es la iteración de la conducta, que se repite cada vez con más frecuencia.

Aprendemos a emplear el refuerzo de la comida placentera como colofón a actividades que nada tienen que ver con el alimento o con la necesidad primaria de comer. Aprendemos a utilizar la comida como refuerzo ante la depresión, la euforia, el cansancio, la decepción o el aburrimiento. Nos damos ánimo, es decir, fuerza moral, no física, con algo apetecible y lo celebramos todo comiendo, porque todo tiene su folclore alimentario.

Vienen fiestas amables, alegres, de disfrute, como las Navidades, el cumpleaños o el patrón de la villa, y se celebran con grandes comilonas o cata de delicias típicas de tal lugar o de tal día. Vienen fiestas tristes, que recuerdan momentos dolorosos, como (al menos antes) la Semana Santa, los difuntos y, ¡hala!, entre lágrimas y suspiros nos atracamos de torrijas, de buñuelos, de huesos de santo, etc.

Los duelos con pan son menos; al muerto la mortaja y al vivo la hogaza; el muerto al hoyo y el vivo al bollo. El refranero está para eso, para reforzar nuestra actitud de ir a la nevera cuando nos encontramos tristes o aburridos.

¿En qué momento de nuestra vida ha comenzado el proceso y por qué? Y no se trata del proceso del engorde, que bien puede ser una tendencia familiar hereditaria reforzada por lo bien que guisa nuestra madre y lo bien que se come en nuestra casa, sino del proceso de abandonarnos a esta conducta inadecuada, a pesar de que no desearíamos que se produjese, prueba de lo cual son la lectura de este libro y la decisión tomada de dar marcha atrás.

¿Por qué ha sucedido?

A veces es fácil averiguarlo; otras, no tanto, porque entran en juego la ansiedad o la búsqueda de un paliativo para ciertos malestares sufridos en solitario. Incluso, a veces, cuenta la venganza de atiborrarnos de comer para dar en las narices a tal o cual persona, que lo que quiere es vernos con toda la esbeltez del mundo.

El efecto es el sobrepeso, el placer excesivo por la comida, la asociación de la comida a los momentos más felices y más infelices, el descontrol. Pero, ¿cuál es la causa?

No vale echarle la culpa a la predisposición genética, porque ya hemos quedado en que hay personas que han nacido para ser delgadas y que han aprendido a ser gordas; y hay personas que han nacido para ser gordas y que han aprendido a ser delgadas. Tener predisposición significa que hay que cuidarse más que quienes no la tienen; pero, por sí sola, no supone obesidad. La tendencia heredada a la obesidad no es gordura, sino solamente eso, tendencia. También hay predisposición hereditaria a otras enfermedades y no es imprescindible padecerlas. El conocimiento de esa tendencia sirve para prevenirlas y evitar curarlas. Lo único que da la predisposición es más trabajo para evitar que surja lo que tiende a surgir.

Haya o no haya predisposición a engordar, lo importante es que se ha llegado a producir. Si la hay, porque hemos bajado la guardia, porque las alarmas no se han disparado a tiempo o, más bien, porque se han disparado y no les hemos prestado atención. Si no la hay, porque nos hemos lanzado por la pendiente. En cualquier caso, porque hemos hecho un aprendizaje desafortunado y porque hemos aprendido a vivir engordando.

¿Por qué? Eso es lo que estamos tratando de dilucidar.

Hay tantos motivos para comer de manera inadecuada, que no podemos analizarlos todos en este libro, pero sí podemos abstraer lo particular y llegar a los motivos más generales.

Hemos hablado de la ansiedad. Hemos dicho que, más o menos, es lo mismo que la angustia. Y hemos señalado que ambas significan algún tipo de temor. Comer remedia un malestar oral, también lo hemos dicho. Ese apetito desmedido, esa ansia por devorar en un segundo cualquier cosa comestible, ¿de dónde proceden?

La ansiedad tiene a veces un origen claro y conocido. Podemos vivir una etapa de ansiedad generada por una situación concreta: un viaje, la mili, exámenes, matrimonio, separación, soledad, enfermedad, problemas de familia, el paro, falta de dinero, etc. Si es así, la ansiedad desaparece al resolverse la situación que la genera. Pero cuando nos referimos a la ansiedad que nos lleva acuciando toda la vida y que nos empuja, día tras día, a comer desaforadamente, a fumar como cosacos, a beber más de la cuenta, a hablar como cotorras, a comprar compulsivamente, a tantas actividades incontrolables, estamos hablando de ansiedad flotante, de origen incierto u oscuro.

Esa ansiedad es la que nos hace ingerir gases que luego nos producirán dolor de tripas, cólicos o dificultades respiratorias. Esa ansiedad es la que nos hace comer a todas horas, porque a todas horas sentimos hambre o, más bien, ansia. Ansia por llevarnos algo a la boca, sea lo que sea; a veces, aunque no nos guste y, en multitud de ocasiones, aunque no nos apetezca e incluso sepamos con certeza que nos va a sentar como un tiro.

Los filósofos existencialistas hablaron en su día de la angustia vital y muchas personas dan por hecho que esta angustia está presente en sus vidas, como un elemento más de eso que llamamos estar en el mundo. Porque bien triste y contradictorio es vivir para morir y morir porque vivimos. Pero no parece que sea ésta la angustia que acucia a quienes necesitan saciar constantemente un hambre desaforada. No parece que esas personas se planteen cuestiones existenciales, al menos abiertamente.

La angustia flotante que nos lanza en picado por la pendiente de la obesidad suele ser de otra naturaleza. Más bien suele proceder de una insatisfacción central que raramente nos confesamos. Insatisfacción con el lugar en que nos hemos colocado en la vida, con la situación de que nos hemos rodeado, con lo que nos hemos convertido. Central, porque no se trata de una insatisfacción concreta y parcial con el trabajo, con la posición social o con la forma de vida, sino de una insatisfacción inconcreta y total con el núcleo de la vida. Es una insatisfacción que no siempre nos atrevemos a analizar, ni siquiera a admitir, porque nos jugamos mucho; si nos metiésemos en tal tipo de análisis, es probable que tuviésemos que poner en entredicho muchas de nuestras convicciones más arraigadas y, sobre todo, nuestra trayectoria en el camino de la vida.

Dicen los existencialistas que cada uno es lo que hace de sí mismo y que el destino del hombre es su propio carácter. Si después de hacer lo que sea que hayamos hecho con nosotros mismos el resultado no nos satisface, llega esa insatisfacción central que se expresa en forma de ansiedad flotante, inconcreta, y que se manifiesta en estados de tensión nerviosa, insomnios aparentemente inmotivados, dolores de cabeza, de estómago o de otro tipo, malestar difuso y, sobre todo, hambre, hambre insaciable, necesidad continua de aplacar la demanda de una especie de fiera devoradora que se nos ha colocado en el estómago.

Otras veces nos hemos visto deslizar por la pendiente de la obesidad, hemos sido conscientes de haber bajado la guardia, de haber abandonado las armas, de no haber puesto remedio a un proceso que nos ha ido devorando poco a poco, que se ha ido imponiendo sobre nuestra voluntad y que, incluso, ha llegado a hacer que aceptemos la situación como algo irremediable.

En ese proceso de renuncia a la lucha, de arrojar la toalla, de declararnos vencidos antes de tiempo hay, si lo miras bien, un matiz depresivo, un «¿para qué?» y un «me da lo mismo». La depresión es un sentimiento oscuro de culpa ante la pérdida de un objeto y ese objeto puede ser una persona, una cosa, una situación, un valor, etc. Culpabilidad por haber perdido el afecto de una persona, por no haber sido capaces de lograr una cosa deseada, por no haber podido mantener o conseguir una situación o por haber cambiado de sitio en la escala un valor que era importante. La depresión puede proceder incluso de la insatisfacción que hemos citado anteriormente o de cualquier otra pérdida o carencia.

La carencia afectiva convierte a muchos delgados en gordos, porque comer suple el afecto, al menos en cierto modo. Los niños gordos suelen ser despreciados por sus compañeros de colegio y ellos se desquitan de los malos ratos comiendo más, porque la comida es como una caricia que aplaca el malestar del desamor. Las penas con pan son menos, ya lo sabemos.

Pero cuando se trata de dejar a un lado el esfuerzo que supone mantener el tipo a pesar de la tendencia a engordar, hay otro matiz. Las personas predispuestas a engordar miran con envidia y cierta rabia a las que, coman lo que coman, no engordan ni a la de tres. Hay una sensación de injusticia en esa percepción y es que la naturaleza nos dota a unos de unas características y a otros, de otras. Unas personas son guapas, otras feas, otras tienden a engordar y otras, no. También hay otras que tienden a padecer de los bronquios o a sufrir del estómago. Incluso sabemos que hay un gen de la dislexia. La naturaleza no es ni buena ni mala, ni justa ni injusta. Es más bien azarosa. Y cuando nos cae la predisposición a la obesidad, nos hemos de pasar la vida peleando contra ella.

Tirar la toalla y encogerse de hombros con un ¿qué más da? es un gesto que conduce directamente a la gordura. Lo sabemos. Y sabemos que en ese gesto hay mucho de aburrimiento, de dejadez, de abandono o de indolencia, porque el cansancio ha podido más que los buenos propósitos. Convendría considerar si hay también un inicio de autodestrucción. La destructividad es un dispositivo que se aloja en algún lugar de nuestro psiquismo y que se pone en marcha cuando algo falla. La destructividad es la pulsión que nos impele a terminar de romper ese objeto desportillado, a tirar a la basura el aparato estropeado en lugar de repararlo. La destructividad nos lleva muchas veces a hundir un negocio o a dejar que se hunda casi sin darnos cuenta, y no tiene por qué ser totalmente consciente. La destructividad es esa vocecita que nos grita al oído que ya está bien de tolerar, de aguantar o de mantener una relación de amistad o de amor y que ha llegado la hora de enviarla a paseo.

Pero, a veces, la destructividad se ceba en nosotros mismos y nos lleva a iniciar el proceso de autodestrucción. Es una especie de suicidio lento, prácticamente pasivo, que va minando nuestra autoestima y va deshaciendo despacio los soportes de nuestro amor propio, de nuestro orgullo personal y de nuestro afecto por nosotros mismos. La autodestrucción es, pues, una forma de suicidio incompleto. El suicida termina con su vida porque no se soporta y es capaz de acabar, porque le falla un resorte tan sumamente importante como el instinto de conservación. La autodestrucción no logra vencer a ese instinto, el más potente de los instintos básicos; por eso, quien la sufre no llega a matarse, pero sí llega a dejarse caer por la pendiente del abandono y a mirar con un encogimiento de hombros los estragos que su indolencia le va causando. La autodestrucción, como forma de suicidio, responde también a la depresión.

Cuando nos abandonamos a la obesidad, a los michelines, a las arrugas, a las canas, al pelo a medio teñir o a la dentadura hecha un desastre, es evidente que hemos dejado de querernos, que nos estamos inflingiendo un castigo por algo que creemos haber cometido y que nos sentimos culpables de alguna pérdida, de las que mencionamos cuando hablamos de la depresión. Y añadimos a la pérdida, real o imaginaria, de ese objeto la pérdida de nuestra propia autoestima y de nuestra propia imagen.

¿Qué hacemos con ella?

De acuerdo. La ansiedad se nos ha venido encima. De acuerdo. Nos hemos metido de cabeza en un proceso de autodestrucción. De acuerdo. Nos hemos lanzado por la cuesta del abandono y nos hemos convertido en una persona obesa, gorda desengañada de dietas y remedios milagrosos, gruesa sin lamentos. Tenemos la obesidad encima. ¿Qué hacemos con ella?

Unos la ostentan. Con o sin orgullo, pero la ostentan. Otros la rehúyen y se miran al espejo lo menos posible, se compran ropa de la que tapa y rechazan las fotografías que les pongan delante una imagen lamentable. Otros se resignan a ella.

Pero no hemos llegado hasta aquí para resignarnos, porque para eso no era cuestión de leer tantas páginas y de enterarnos de tantas cosas. Hemos llegado hasta aquí para analizar de dónde nos viene esta situación indeseada e indeseable; y, como ya hemos analizado bastante los porqués, ha llegado la hora de ponernos en marcha.

Hay dos tipos de depresión: la endógena, que se produce por causas biológicas, hormonales o falta de oligoelementos como el litio, etcétera. y la psicógena, que se produce por problemas psicológicos no resueltos, como esa culpabilidad de la que hemos hablado. La depresión endógena se trata con psicofármacos y la psicógena, la nuestra, la que nos ha hecho dejar de querernos, dejar de luchar por nuestra figura, la que nos ha traído la obesidad, ésa se cura con psicofármacos y, además, con tratamiento psicológico. Y entre las posibles actitudes terapéuticas, se halla la toma de decisiones y la actuación. Tomar una decisión y actuar es plantar cara a la depresión. Y plantar cara a la depresión es la base del mejor pronóstico.

El mero hecho de tomar la decisión y de ponernos en marcha nos va a aliviar en gran parte esa sensación de decaimiento psíquico, de autodepreciación. En el momento de pronunciar en voz alta: «Me voy a quitar de encima la gordura de una vez para siempre» y de iniciar el método, se va a aplacar la sensación dolorosa de desesperación y de desengaño. Vamos a ir a ello enseguida, pero antes es imprescindible que echemos un vistazo a los recursos de nuestra personalidad, que hemos de potenciar y de manejar adecuadamente para lograr el éxito. Porque esta vez sí que vamos a tener éxito. Sin la menor duda.

LA MOTIVACIÓN

Desde luego que para decidirnos a perder el sobrepeso así, para siempre jamás, necesitamos grandes dosis de motivación; pero has de saber que la motivación tiene dos facetas sumamente interesantes, que veremos en un santiamén.

Empezaré por decir qué motivos son las fuerzas que impulsan a un organismo hacia la consecución de un fin. Es decir, la motivación genera impulsos, más o menos potentes, que nos conducen de la mano hacia un objetivo apetecido.

Cuando la conducta alcanza su fin, esa acción se llama respuesta consumatoria; es decir, nos hemos quitado los cinco kilos de marras y nos podemos poner el biquini del año pasado sin derramarnos. Cuando el objetivo no se obtiene, sobreviene la tan temida frustración, que es eso que sentimos cuando llevamos varios días (a veces horas, ¡somos tan impacientes!) a régimen, nos aupamos a la balanza y, ¡nada!, los mismos 88 kilos de antes.

La motivación puede ser interna o externa, y eso es sumamente importante para nuestro plan de adelgazamiento. La motivación externa, naturalmente, se dirige a una meta impuesta desde fuera, mientras que la interna se dirige a una meta impuesta desde dentro.

Parece una perogrullada, pero fíjate en la diferencia.

Un niño no quiere estudiar y suspende el 90 por 100 de las asignaturas. Su papá le promete una *mountain-bike* espectacular si aprueba el curso. El chaval luchará por aprobar, para obtener su *bike*, pero en realidad su motivación es externa y, en cualquier momento de dificultad o de caída de ánimo, puede plantearse que la vida es igual de bella con bicicleta o sin ella y, sobre todo, sin tener que matarse para estudiar las malditas asignaturas; y con ello puede abandonar su esfuerzo y no aprobar.

Porque le es dado elegir entre dos metas placenteras, la bici o la holganza, elige la holganza. Como verás, aquí el estudio y el aprobado no aparecen para nada.

El mismo niño, cuando llega a la edad de merecer, se empeña en matricularse en una carrera y, contra viento y marea, a pesar de que todos los pronósticos apuntan al desastre, aprueba curso tras curso, asignatura tras asignatura y, no contento con licenciarse, se complica la vida con el doctorado. Y puede resultar un empollón de mucho cuidado, toda vez que ahora la motivación es interna y la meta no le ha sido impuesta desde fuera, sino desde dentro; esta vez, la meta viene configurada por sus propias e íntimas pulsiones, que manejan su conducta en aquella dirección. Tiene una meta interna que ha surgido dentro de él, por los motivos equis, y se dirige hacia ella recto y sin desviarse un ápice; porque aquí la elección está entre una meta placentera, aprobar, y otra displacentera, no aprobar, es decir, la satisfacción o la frustración.

Por tanto, si los motivos que nos conducen a perder peso son externos, no hay nada que hacer. Si nos lo manda el médico o nos lo sugiere el cónyuge, nos lo insinúan el sastre o la modista, lo proclaman nuestros compañeros de trabajo, nos lo dejan caer los amigos y lo declara abiertamente el espejo, la motivación es externa. En tal caso, nuestra elección se dirige a dos metas placenteras: la primera es complacer al médico, al cónyuge o a los amigos; la segunda, seguirnos ati-borrando de cosas buenas. Aquí no aparece la necesidad de adelga-zar por ningún sitio.

Otra cosa son los motivos internos, que nos ofrecen el objetivo sa-tisfactorio de recuperar nuestra propia autoestima, de demostrar al mundo y a nosotros mismos que tenemos fuerza de voluntad, y de po-ner a salvo nuestra salud. Aquí no hay más que una meta placentera, perder peso y recuperar todo lo dicho; y hay otra meta displacentera, que es seguir en la situación insatisfactoria en que nos encontramos.

Hemos visto que el primer recurso para arrostrar los sinsabores que se nos vienen encima en esto del adelgazamiento es la motiva-ción interna, pues es la única que nos proporcionará la fuerza de vo-luntad suficiente para lograr la meta establecida. Cuando la motiva-ción es externa, la voluntad flaquea y se deja vencer más fácilmente.

De poco sirve, pues, que la moda imponga el tipo fino si no surge en tu interior el deseo de hacerlo tuyo. La motivación para adelgazar está en algún lugar de tu interior y no te va a costar mucho hacerla aflorar si te paras a considerar los malestares que la obesidad te está aportando. Hemos analizado bastantes causas y las tuyas pueden es-tar entre ellas o hallarse muy próximas. Librarte de ellas es uno de los motivos. Volver a mirarte al espejo sin complejos, con confianza y sin rebuscar la postura menos desfavorecedora es otro motivo. Vol-ver a subir la escalera sin resoplar, ponerte una prenda hasta ahora vedada, levantarte sin fatiga y olvidarte del dolor de espalda son al-gunos de los otros motivos que se te pueden ocurrir a poco que lo pienses.

Incluso la motivación aparentemente externa se puede convertir fácilmente en interna para que cumpla su función de dinamismo pro-pulsor. ¿Cuántas veces te han preguntado fulano y mengana que para qué te pones a régimen, si tan pronto lo dejas vuelves a engordar? ¿Cuántas veces has oído comentarios vejatorios acerca de tu figura, de tu incontinencia o de tu falta de voluntad para ponerte a régimen y sacarte los kilos de más? Eso forma parte de la motivación externa, de las injerencias ajenas para influir en ti y hacer que abandones tu obesidad. Convirtámoslo ahora en motivación interna. Tiene que ser un placer inmenso demostrarle a fulano y a mengana que esta vez es-tás siguiendo un método que no te va a permitir engordar nunca más.

Y cuando te pregunten eso de «¿Sigues a régimen?», podrás contestar con toda sinceridad: «Nunca hice régimen», porque así va a ser. Tiene que ser una satisfacción inconmensurable observar el asombro de los demás cuando te vean perder peso semana tras semana y advertir que pasa el tiempo y la nueva figura no sólo no se pierde, sino que se consolida.

Si examinas tu situación con detenimiento y sinceridad, comprobarás que hay muchas cosas de las que quisieras desprenderte para encontrarte más a gusto con tu persona, para sentirte mejor con tu vida y para disfrutar más de lo que te rodea. Céntrate en lo que se relaciona con la obesidad y hallarás todo aquello que desearías alcanzar para ser más feliz. Solamente con pensar en lograrlo, sentirás surgir en ti la motivación: piensa en tu figura más esbelta, en el placer renovado de comprarte ropa de tallas inferiores, de lucir tu cuerpo en una playa o de dejar de disimular curvas y abundancias vergonzantes; piensa en la capacidad de agacharte para recoger un objeto del suelo, en la posibilidad de recuperar aquello que se cayó debajo de la cama o detrás del sofá; piensa en caminar un rato largo sin sentir esa sensación dolorosa en los riñones; piensa en sentir cómo tus dolores de espalda se disipan a medida que desaparecen los kilos de más; piensa, sobre todo, que es factible, que puedes lograrlo, que está al alcance de tu mano, porque tienes un método que te va a facilitar el camino. Sentirás el impulso de la motivación que está ahí para eso, para empujarte hacia tan deseables metas.

Pero yo voy a añadir ahora motivos para adelgazar que nunca se te hubieran ocurrido. ¿Qué te parece volver a saborear el chocolate, volver a mojar pan en el tocino, deleitarte con el café irlandés, olvidarte de los productos dietéticos, de los *light,* los *lite* y los *sin*? ¿Te parece una motivación adecuada saber que nunca más tendrás que excusarte con la frase «Estoy a régimen» para rechazar algo apetecible? ¿Qué te parece olvidarte para siempre de los regímenes de comidas, del hambre, de la envidia de los que toman helados o bocatas de chorizo? ¿Cómo ves sustituir la expresión «No como más porque engordo» por ésta de «No como más porque no me cabe»? Es algo así como dejar de comer por sentir saciedad frente a dejar de comer por saber que engorda. Saciedad en vez de tristeza. ¿Te parece una motivación suficiente?

LA AUTOESTIMA

La autoestima crece cuando se logra una meta. La recuperación de la autoestima es otro de los recursos con los que podemos contar para emprender la carrera hacia la pérdida de peso; es sabido que la autoestima se halla en declive por causa del sobrepeso.

Ya dijimos que la imagen corporal es dinámica y que está constituida por numerosos elementos intrínsecos y extrínsecos, y la nuestra, cuando nos sobran kilos, puede ser un desastre porque, como no acabamos de acostumbrarnos a nuestra silueta de gordos, nos sorprendemos desagradablemente cada vez que nos vemos en una fotografía o en una película. «¡Qué gorda! ¡Qué gordo estoy!», pensamos irremediablemente, hasta que la base de sustentación va configurando nuestra imagen corporal y nos vamos habituando a ser eso, una señora gorda o un señor gordo.

Cuando hablamos de la percepción del esquema corporal, mencionamos el proceso de habituación. El mecanismo de la habituación radica en unas células nerviosas, a las que Jasper llamó «neuronas de la novedad» o «células de la atención», que se disparan cada vez que localizan un estímulo cualitativa o cuantitativamente distinto a los conocidos, y que se quedan quietecitas cuando el estímulo se repite una y otra vez. Por eso, como no vemos nuestra fotografía a diario y eludimos mirarnos al espejo con detenimiento, las neuronas de la novedad saltan aspaventeras cada vez que nos enfrentamos a nuestra «nueva» imagen y la sensación de malestar que nos producen puede llegar a ser cosa preocupante.

Poco a poco, dejamos de querernos. Es decir, dejamos de estar orgullosos de nuestro físico y, después, de nuestra psique, que no consigue admitir aquello. «Otras prendas tengo», pensamos; pero, en el fondo, el problema estriba no solamente en haber desfigurado nuestra silueta con la gordura, sino en que ya no somos capaces de quitárnosla de encima. No digamos ya cuando nos encontramos con algún amigo o amiga que ha logrado mantener el tipo a través de los años y, aún peor, si el amigo o la amiga era «gordo o gorda de toda la vida» y ha conseguido llegar a la esbeltez.

Sin darnos cuenta, entramos en esa fase en que se busca con la mirada a otro gordo o, si es posible, aún más gordo, para consolarnos. Dejamos, pues, de querernos, de ufanarnos de nosotros mismos y llegamos a sentirnos fatal. Cierto es que no hemos perdido en absoluto el amor de los nuestros, pero sí hemos perdido nuestro amor propio, nuestra autoestima del alma. Para recuperarla, no nos queda más remedio que adelgazar, que demostrarnos a nosotros mismos que podemos volver a ser como antes, y a recuperar la gracia de los movimientos, la esbeltez de la figura, la flexibilidad y la autonomía.

La autoestima es un recurso inapreciable para emprender esta tarea que te has propuesto de quitarte de encima los kilos que te sobran y no volver a recuperarlos nunca más. Tu autoestima es la que se va a beneficiar con tu nueva imagen, no sólo física, sino psíquica, porque no sólo se trata de que te veas como una nueva persona más esbelta y ágil, sino de que te veas como una nueva persona que ha sido CAPAZ de conseguir esa meta tan importante para ti.

La autoestima es la compañera que vas a tener a tu lado cuando te enfrentes a cada una de las etapas del método, la que te va a susurrar al oído que tú no solamente no eres menos que otras personas, sino que estás demostrando que eres más que algunas. Más que todas esas personas que siguen estando gordas, porque no se lo han propuesto como tú te lo has propuesto. Y mucho más que todas esas personas que no son capaces de lograr meta alguna, mientras que tú sí lo eres.

Tu autoestima está esperando para crecer y engordar a medida que tú adelgaces y para empujarte a dar consejos a todos los gordos que aún lo sigan siendo, cuando tú hayas dejado de serlo.

EL REFUERZO

El tercer motor es el refuerzo, aunque la autoestima ya es un refuerzo, y bien grande; pero ahora nos vamos a referir al refuerzo en general, porque es otro de los apoyos con que tendremos que contar y que deberemos situar adecuadamente a lo largo de nuestro claro y decidido camino, cuya meta final es adelgazar para siempre jamás.

Ya hemos hablado antes de la existencia de necesidades en todos los organismos vivos y hemos dicho que las necesidades se dividen, básicamente, en primarias y secundarias. Las primeras son las más importantes, pues de su satisfacción o insatisfacción depende la integridad del organismo. Si un ser vivo no satisface su necesidad de comer, está claro que se muere.

El refuerzo es algo así como la recompensa. Por tanto, el refuerzo primario es precisamente la recompensa que satisface una necesidad primaria. Por ejemplo, el alimento es el refuerzo primario que satisface la necesidad primaria de comer. Luego viene todo el lío de subdivisiones y de traspasos de secundarios a primarios, y de terciarios a secundarios, debido a la complejidad del psiquismo humano.

Hemos dicho que toda conducta va encaminada a un fin. También hay que saber que las conductas que no se refuerzan, se extinguen, y que las que se refuerzan, se fortifican.

El refuerzo, que puede ser positivo o negativo, es lo que consigue, a la larga o a la corta, modificar una conducta, fortalecerla o eliminarla. Veamos un ejemplo.

Supón que una mañana vienen unos cuantos pajarillos a darte los buenos días con sus gorjeos y se posan en el alféizar de tu ventana. Naturalmente, para premiar su encantador comportamiento, tú vas y les pones unas miguitas de pan y ellos, al recibir el refuerzo, vuelven y siguen cantando y, cuanto más los premias con miguitas, más frecuentes son sus visitas y más sonoros sus cantos.

Hasta que un día te das cuenta de que el alféizar de tu ventana está repleto de excrementos de los pajaritos y, si te fijas bien, no solamente el alféizar, sino el marco y el cristal y, si tienes un patio con cuerda para tender la ropa, no quiero decirte cómo está la ropa. En fin, un desastre.

Tienes tres opciones: limpiarlo y seguir poniendo pan a los pájaros; dejarlo como está y seguir como si nada, o hacer que los pájaros se vayan con sus trinos y sus deposiciones a otro sitio.

Supongamos que optas por la tercera posibilidad, hacer que se vayan; pero como has venido reforzando la conducta de los pajaritos, ellos seguirán viniendo a cantarte y a excretar en tu ventana. ¿Qué hacer? Hay que tener en cuenta que la comida es el refuerzo más grande que se puede dar a un organismo, así que no es fácil deshacer lo hecho.

Pruebas, pues, con el refuerzo negativo y cuando vienen los pajarillos en vez de migas de pan, abres la ventana y te pones a gritarles y a dar plumerazos a diestro y siniestro, con ánimo de espantarles y de que se vayan.

Un refuerzo negativo es un castigo en vez de un premio; pero, al fin y al cabo, es un refuerzo. Sucede que el instinto alimentario se superpone al instinto de protección ante tus voces y plumerazos y los pájaros siguen insistiendo. Han aprendido una conducta que tú has reforzado y no la abandonan fácilmente.

Pues lo único que te queda y es lo que definitivamente va a funcionar es eliminar el refuerzo y mantenerte firme hasta que la conducta desaparezca. Eso significa que todo lo que tienes que hacer es dejar de poner pan. Y olvidarte de salir a dar voces y plumerazos, sino aguantar el tipo, permitiendo que vengan a dejarte su recuerdito y no prestarles la menor atención. Verás como, poco a poco, las visitas se van espaciando, lo que significa que la conducta se va produciendo cada vez con menor frecuencia hasta que se extinga.

Clarísimo, ¿verdad? Pues ahora que sabemos lo que es la motivación, la autoestima y el refuerzo podemos pasar a poner en marcha la primera parte de nuestro plan de adelgazamiento a perpetuidad.

Capítulo 5
Conductas a modificar

*H*EMOS LLEGADO FINALMENTE a un punto muy importante. Para empezar a organizar nuestro plan de adelgazamiento, ante todo, tenemos que hacer examen de conciencia y analizar cuidadosamente todas y cada una de las conductas que habremos de modificar para conseguir nuestra preciada meta.

LA ANSIEDAD

Hemos dicho que la ansiedad es una reacción de temor. El *Diccionario de psiquiatría,* de Antoine Porot, describe la ansiedad o angustia como sigue:

«Todas las definiciones de la ansiedad pueden reducirse a tres condiciones fundamentales:

1. Sensación de un peligro inminente, indeterminado y aún no cristalizado. Esta sensación se suele acompañar de fantasías trágicas y da proporciones dramáticas a las imágenes.
2. Actitud expectante ante el peligro, verdadero estado de alerta que invade al sujeto y le impulsa de manera irremediable hacia otra catástrofe inmediata.
3. Confusión, producto de un sentimiento de impotencia y aniquilamiento ante el peligro.»

Es evidente que cuando nos hallamos en esa situación, que podemos definir como «de martirio», sufrimos un estado de ansiedad probablemente crónico, pues pasamos toda la vida de dieta en dieta, sin sosegar jamás, sin hallar el fin de la lucha y sin conquistar nunca la meta preciada.

Sentimos ansiedad ante la pérdida de la comida, que no es solamente la pérdida del alimento en sí, sino la pérdida del alimento sabroso, placentero. En realidad, nos planteamos la tragedia de tener que privarnos de lo bueno de la vida.

Evidentemente, hay muchas más cosas buenas que la comida, pero los que tenemos tendencia a engordar, los que hemos de someternos cada dos por tres a un régimen de adelgazamiento, percibimos la comida como la más placentera de todas las cosas del mundo, precisamente porque es la que no podemos obtener.

Quizá tengamos salud, dinero y amor, de acuerdo; pero no podemos comer lo que queremos ni cuando queremos, y por ello esa carencia sitúa la comida, sobre todo algunos tipos de alimentos, en la esfera de lo más preciado, esencialmente por estar o tenerlos prohibidos.

Qué duda cabe que ello genera una fuerte ansiedad que nos puede llevar a dramatizar el peligro. Los que somos propensos a engordar, y para nuestro mal sumamente golosos, nos imponemos a veces a nosotros mismos el método drástico de no comprar un solo dulce. «¿Cómo voy a comprar galletas o chocolate? —nos preguntamos—. ¡Me los comería de una sentada y me pondría como una foca!»

Si alguien nos regala una caja de bombones o se presenta en nuestra casa con una tarta, nuestra reacción es ambivalente y contradictoria, y nos lleva a plantearnos lo siguiente:

«Es algo que no debo probar y voy a tirarlo en cuanto fulano se marche, que no crea que desprecio su obsequio. Ahora que..., mejor me doy un festín esta noche, me procuro todo el placer del mundo y mañana, como ya no tendré dulces, continuaré mi vida normal sin ellos.»

En casos exacerbados, podemos llegar a no comprender que alguien sea capaz de comprar un paquete de galletas y de guardarlo tranquilamente en el armario, tomando un par de ellas de vez en cuando o con el desayuno. «Vamos —nos decimos—, que si yo las comprase, ¿de qué las iba a llevar al armario? Creo que no llegarían ni a casa.»

Esa ansiedad ante los alimentos, al mismo tiempo deseados y rechazados, nos lleva a situaciones realmente obsesivas. Por ejemplo, si vemos una película en la que dos personas se sientan a comer, observamos que les sirven unas raciones pequeñísimas y sufrimos pensando en cómo pueden servirles raciones tan exiguas si precisamente los personajes de la película están bien delgaditos y podrían permitirse el lujo de comer bastante más. Y lo que nos puede desesperar es el momento en que los personajes se limitan a probar el plato y se levantan de la mesa para continuar la acción de la película. Sobre todo, en las películas extranjeras, porque en las españolas, la verdad, es que la gente come de verdad.

Todo nuestro mundo puede llegar a girar en torno a la comida. Procuramos llenarnos el estómago de verduras y frutas para no sentir el hambre atroz que se nos rebela en cuanto pensamos en lo prohibido. Podemos llegar a admirarnos de que la gente sea capaz de salir a «tomar una copa» y se limite a eso, a tomar la copa y no un chocolate con bollos, por el que nosotros daríamos una mano.

La obsesión puede adquirir magnitudes preocupantes e, incluso, llevarnos a plantearnos si merece la pena vivir así. Desde luego que no. Y entonces es cuando decidimos abandonar tamaño sufrimiento y comer lo que nos gusta y engordar lo que tengamos que engordar, pero vivir felices.

Ése fue el caso de Manolo. Una vez decidió terminar para siempre con el tormento de no engordar; pero su primera frustración llegó a los pocos días. Un celebrado hotel madrileño ofrecía por entonces un atractivo bufé en un lujoso salón, en el que se presentaban varios mostradores y bandejas con las mil y una especialidades de la repostería típica de Viena. Se podía tomar absolutamente todo lo deseado, escuchando al mismo tiempo deliciosas piezas de música vienesa, interpretadas allí mismo por una pequeña orquesta.

Llegó pues, Manolo, exultante, al lugar de autos, frotándose las manos y anticipando dicha y satisfacción. Pagó su entrada, llegó al salón, se extasió ante la abundante y variadísima oferta y, con la boca llena de agua, tomó el plato y las pinzas y se dirigió a aquel suculento bufé. No sabía qué elegir, porque todo era tan apetecible como un sueño. Finalmente, se decidió por lo más aparentemente deleitoso, dejando para la siguiente embestida otras cosas igualmente deseables; tomó su plato, se sentó en un butacón y, al compás de una hermosa melodía, se enfrentó al banquete.

Ni siquiera pudo terminar el primer plato. Hizo un esfuerzo enorme por acabar el último pastel y dedicó toda su imaginación y todo su interés a hacer sitio en el estómago para otra de las maravillas que habían quedado en el bufé. Imposible. Tuvo que marcharse sin probar ni la vigésima parte de la oferta, que se esfumó de su alcance para siempre, una vez que traspasó el umbral de la salida. El precio tampoco era como para volver todos los días.

¡Pobre Manolo! Era tanta su ansiedad, que no había previsto que su estómago se llenaría antes de lo que pensaba. Había comido con los ojos y con el ansia, había llenado su plato de delicias y no había sido capaz de comérselas. Ni siquiera le cupo la satisfacción de haber disfrutado comiendo aquellas exquisiteces porque, entre la ansiedad por devorarlas y la saciedad que llegó antes de lo previsto, el banquete no resultó placentero. Y a eso se añadieron el sentimiento de culpa, por haber hecho algo indebido, y el de frustración, por no haber logrado el placer buscado.

Triste, ¿verdad? Pues hay mucha gente que anda así por la vida, con la ansiedad exacerbada ante las cosas de comer: ante las buenas, porque pronto se las van a prohibir, y ante las malas, para ver si le provocan la saciedad y la falta de apetencia de las deseadas.

Está claro, por tanto, que lo primero que tenemos que hacer es eliminar esa ansiedad y, puesto que radica en el rechazo de ciertos alimentos y en su clasificación en la esfera de lo prohibido, nuestra labor es sencillísima. Destarraremos de nuestra vida el vocablo «prohibido». No habrá alimentos prohibidos, excepto los que prohíba el médico, claro, cuando andemos con el azúcar, el colesterol o la tensión a vueltas; pero, en lo relativo a engordar, nada de prohibiciones.

Podremos comer absolutamente de todo.

LAS METAS

Otra conducta a modificar es la idea de régimen, que hoy me salto, mañana retomo, la semana que viene empiezo y, por Navidad, olvido.

Aquí no hay nada que saltar, ni que retomar, ni que dejar porque no hay régimen. Lo que hay es un proceso de autoeducación, un método que nos va a enseñar a comer sin ansiedad, sin sentimientos de culpa, sin añoranzas y sin tener que dejarlo o saltarlo el día que vamos de boda o que nos invitan a un guateque.

Porque ya hemos quedado en que hemos tomado la decisión, en que tenemos las cosas muy claras y en que queremos adelgazar para toda la vida y no andar con kilos arriba y abajo.

Así pues, haremos lo que sea necesario para lograr esa meta, porque nuestra motivación es interna (si no, insisto, no sirve), porque nuestra autoestima va a elevarse hasta tener que poner el ego a régimen, porque vamos a eliminar para siempre la ansiedad de las prohibiciones y porque vamos a ir salpicando de refuerzos nuestro camino hacia la meta, que en eso precisamente consiste la metodología que vamos a emplear.

Tenemos por delante un período de autoeducación, que sin duda conlleva algunas restricciones, porque no hay educación sin control de placeres y displaceres, pero luego, cuando la autoeducación nos funcione, se habrán acabado las cortapisas para siempre. En cuanto a la duración del período de autoeducación, depende de cada uno, de la fuerza de voluntad, de los recursos personales, de la «cantidad» de motivación y de factores íntimos. Puede durar varios meses o prolongarse varios años, pero sabremos que ha finalizado porque tendremos la certeza de no necesitar controles para pensar y actuar de otra manera.

Los refuerzos para la modificación de nuestra conducta alimentaria serán, junto con nuestra autoestima y la admiración de los demás, precisamente esos alimentos apetecibles, prohibidos y proscritos, y en los que apenas nos atrevemos ya a pensar, a menos que lo hagamos con nostalgia o voracidad.

Pero, ante todo, la idea tiene que quedar muy clara. No hay régimen, sino un cambio total de la conducta alimentaria, empezando por el enfoque y terminando por la distribución. Es decir, un cambio en la conducta alimentaria que nos haga enfocar la comida como algo que está ahí para disfrutarlo, que nadie nos lo va a quitar y que es nuestro y muy nuestro. Nada de devorar deprisa y corriendo, tragando gases y exponiéndonos a atragantamientos y a malos ratos. Un cambio de conducta que nos haga aprender a distribuir los alimentos de forma racional, de manera que sirvan para lo que tienen que servir, para nutrirnos y para disfrutarlos.

Comer varias veces al día es la solución ideal o perfecta para no pasar hambre; para hacer que el estómago trabaje poco, pero con frecuencia y que disminuya de tamaño, y para perder peso de forma duradera.

Nada de comer dos veces al día hasta reventar y pasar horas y horas con el estómago vacío, con los músculos dispuestos a absorber hasta la última gota de grasa o de azúcar. Nada de picar con desesperación entre horas, porque la hora de comer no llega y hace siglos que hicimos la última comida.

Al principio, hay una dieta, claro está, pero no es una dieta rígida para lograr un objetivo definitivo, sino flexible, temporal y necesaria para dar el salto a lo que queremos: aprender a comer de todo y no engordar. Además, es una dieta personalizada a cada uno.

Así pues, la meta final no es adelgazar esos kilos que sobran y luego Dios dirá, sino no volver a hacer régimen en la vida, a menos que se nos dispare algo por ahí dentro y nos lo impongan por prescripción facultativa.

A la meta no se llega así, de sopetón, sino que hay que ir cubriendo etapas, con metas más próximas que, una vez logradas, nos irán catapultando hacia las siguientes.

La primera meta es modificar nuestra conducta alimentaria mediante un proceso de autoeducación que nos permitirá enfocar las cosas de comer de otra manera. Se va a acabar el «No puedo comer de esto» o «No puedo tener de esto en casa porque me lo como todo» u «Hoy me salto el régimen y me pongo ciego», etc. El objeto de nuestra educación es una conducta totalmente diferente, en la que tiene cabida comprar un bizcocho para desayunar, poner el tarro de la miel encima de la mesa de la cocina, comprar longanizas y salchichas de carnicería, ir de boda o a un banquete sin pensar si podremos comer o no lo que nos van a dar, etc.

Otra meta intermedia será cambiar el enfoque de «Me voy a quedar con hambre» por «No voy a poder con todo» y, después del enfoque, la realidad. No poder de verdad. Esto último pertenece al campo de las asociaciones, que veremos a continuación.

LAS ASOCIACIONES

Al pensar y al experimentar sensaciones, establecemos asociaciones entre distintos estímulos y los grupos neuronales correspondientes. Esas asociaciones son temporales, pero se llegan a hacer muy sólidas y se ponen en marcha cada vez que tropezamos con el estímulo pertinente.

Las asociaciones temporales fueron objeto de estudio por parte de un famoso neurólogo ruso, Iván Pavlov, que realizó numerosos experimentos con perros. Pavlov presentaba al perro un alimento y éste emitía saliva. Eso es un reflejo incondicionado, es decir, la respuesta primaria a un estímulo primario. La emisión de saliva es la respuesta alimentaria ante la comida.

Pero Pavlov quiso condicionar la respuesta de los animales ante estímulos neutros que, por sí solos, no hicieran surgir una respuesta, como por ejemplo tocar una campana. Tocaba una campana ante el perro y éste no daba respuesta alguna. «¿Para qué? —pensaría—. ¿Qué me importa a mí que este viejo haga ruido?» Entonces Pavlov decidió asociar el estímulo neutro a otro primario que suscitase una respuesta. Y, ni corto ni perezoso, hizo sonar la campana cada vez que presentaba el alimento al perro.

La respuesta del perro no se hizo esperar y emitió saliva no por la campana, sino por la comida; pero lo que el animalito no sabía era que estaba asociando, sin darse cuenta, la campana a la comida. Pavlov repitió el experimento varias veces para consolidar la asociación entre ambos estímulos y, un buen día, cuando el perro menos se lo esperaba, hizo sonar la campana sin presentar alimento alguno.

El final lo sabemos todos. El perro emitió saliva, porque había asociado la campana a la hora de comer. Así se crean nuestras asociaciones y así se transforman los reflejos incondicionados en condicionados.

Algunos de nosotros, como ya dijimos, hemos asociado la comida a la felicidad, a la compensación, al equilibrio, al premio o a los momentos buenos. Y no podemos comprender un buen momento sin comer. Otros no lo comprenden sin beber; algunos sin música, y otros sin fumar.

Pero hay que recordar que las asociaciones son temporales y que solamente subsisten si se refuerzan. Si Pavlov hubiera dejado de presentar el refuerzo de la comida al perro, un buen día, al sonar la campana, éste hubiera ladrado: «A ver si crees que me vas a tomar el pelo, ¿dónde está la pitanza?», y no hubiera emitido saliva. Eso quiere decir que la asociación campana-alimento se hubiera extinguido.

Para ponerla en marcha de nuevo, Pavlov hubiera tenido que «reforzarla», es decir, acompañar durante un tiempo el alimento a la campana. Esta siguiente vez, el período de establecimiento de la asociación hubiera sido más corto, porque ya existía una huella del condicionamiento anterior.

Esa huella es la que hace que podamos «recordar» asociaciones que creíamos olvidadas. Unos años sin conducir parece que nos hacen olvidar cómo se conduce, pero en cuanto entramos en contacto con el vehículo todo vuelve a ponerse en marcha, lo mismo pasa con tocar la guitarra o con nadar.

Así se crean los refeljos condicionados, así aprendemos y así desaprendemos. Así es como asociamos los estímulos a grupos de neuronas que hacen que nuestro organismo dé una respuesta. Así hemos asociado la comida a todo lo bueno de la vida.

Esa asociación está demasiado arraigada como para intentar liquidarla. Así pues, nos quedaremos con ella y nos centraremos en otra de nuestras asociaciones, que es una causa importante de nuestro sobrepeso y que sí podemos deshacer.

Hemos asociado la percepción de la comida a la sensación de que «nos vamos a quedar con hambre». Otras personas la han asociado a la saciedad y, tan pronto les ponemos comida delante (felices ellos), dicen: «¡Huy! Es mucho. Quítame un poco. Sólo con verlo, ya me harta.»

Pues bien. Otro de los pilares de este método es la ruptura de esas asociaciones de insatisfacción. Vamos a convertir la asociación «alimento-no va a ser suficiente» en asociación «alimento-no voy a poder con ello». Para eso, contamos con la charla interna, que irá modificando poco a poco nuestra percepción, de forma que lo que ahora nos parece insuficiente (uno de esos ridículos bocadillos llamados «pulgas») nos parezca suficiente e, incluso, demasiado.

La charla interna

La sugestión tiene efectos contundentes sobre numerosos pensamientos, sentimientos y actos. La capacidad de autosugestión no es igual para todas las personas, pero lo que sí es cierto es que la sugestión es capaz de modificar la percepción. La publicidad tiene como base la presentación de las características subjetivas de un producto como altamente deseables, de manera que el receptor del mensaje publicitario identifique ese producto con algo que realmente quiere y lo inserte en la jerarquía de sus necesidades primarias o secundarias. También es cierto que todos tendemos a percibir lo que queremos recibir.

La utilización de la sugestión, a sabiendas de que es sugestión, claro, no vamos a andar ahora intentando engañarnos como a tontos, se puede lograr por medio de lo que se llama la charla interna.

La charla interna consiste en la conversación que mantenemos con nosotros mismos a raíz de determinados sucesos y que tiene el poder de dirigir nuestra conducta posterior. Por ejemplo, una conducta típica de la persona que siente ansiedad ante la comida es percibir la ración de alimento como escasa. Me explico: entramos a un bar después de una sesión de cine que nos ha abierto un apetito increíble y pedimos un café con un bollo, o un sándwich, o un bocadillo, es igual; el caso es que cuando nos lo sirven o cuando lo vemos, lo percibimos como pequeñísimo, insuficiente para satisfacer nuestro inmenso apetito y, antes de empezarlo, ya estamos pensando en lo siguiente que nos vamos a comer, con lo cual nos comemos esto a toda velocidad para complacernos después con lo otro. O nos pasa como a Manolo, el de los pasteles vieneses. Es decir, al final, además de engordar, no disfrutamos ni de esto ni de lo otro.

Nuestra charla interna ha sido: «Con eso no tengo yo ni para empezar, así que después me voy a tomar... ¡mmm...!» Esa misma charleta se puede modificar y, de hecho, vamos a aprender a modificarla como sigue: «¡Qué bueno! Me lo tomaré muy despacito para saborearlo y que me dure el placer de comerlo... ¡mmm...!» Posteriormente, cuando hayamos avanzado en el método, la charla interna será: «¡Qué bueno! Pero es muy grande, me va a producir pesadez, me tomaré la mitad y me guardaré la otra mitad para mañana.» Esto último no es factible en un establecimiento público, al menos así lo indican las normas sociales, así que lo mejor es dejarlo o incluso decir al camarero que nos ponga menos cantidad. Demasiada gente pasa hambre en el mundo como para desperdiciar comida.

La charla interna es el principio y el motor de la ruptura de ese reflejo condicionado que nos hace asociar la cantidad de comida a la insatisfacción «¡Qué poco!» Puesto que la podemos controlar perfectamente, aunque sea repitiendo las palabras en voz alta, hay que acabar con la asociación perversa y cambiarla por «¡Hala! ¡Qué grande! No voy a poder.»

Otra clase de charla interna es la que mantiene quien no puede comprar dulces porque se los come todos. Le regalan una caja de bombones y se dice: «Esto no lo debo de comer porque me engorda muchísimo, pero mi voluntad flaquea ante el inmenso placer que me puede proporcionar, así que me voy a dar un atracón de bombones a ver si reviento y no vuelvo a probarlos.» Con autoeducación, su charla interna podría ser: «¡Qué ricos! ¡Con lo que me gustan los bombones y el tiempo que llevo sin probarlos por aquello de que engordan! Ahora me podré dar el placer de tomarme un bomboncito todos los días en mi momento predilecto, después de cenar, cuando me amodorro en el sillón frente a la tele.»

Ni que decir tiene que cuando seamos capaces de eso, se producirá otra charla interna que vendrá a reforzar nuestra autoestima en gran manera y que será más o menos así: «¡Ajá! ¡Ya soy capaz de controlar esto! ¡Ya soy como todo el mundo! ¡Ya puedo pasar por el mueble de las golosinas del supermercado sin huir de él! Hasta me puedo comprar una caja de galletas de chocolate sabiendo que me va a durar varios días.»

La charla interna está presente en la mayoría de nuestras actitudes y procesos. Es la que modifica nuestra percepción de las cosas. Si vas a solicitar un trabajo y tu charla interna es algo así: «Cuando me vean llegar con tal aplomo y presencia de ánimo, seguro que se quedan flipados», tienes un alto porcentaje de posibilidades de lograrlo; mientras que si tu charla interna es algo así: «A ver si no tropiezo nada más llegar, no me vaya a pasar lo de siempre, que entro en el despacho dando un traspiés», desde luego que eliminas de antemano un montón de probabilidades de éxito.

La charla interna modifica incluso nuestra percepción de otras personas. Conoces a alguien y tu charla interna es: «¡Vaya pedante! ¡Cualquiera le aguanta! Seguro que en la intimidad resulta insoportable.» Ya le has hecho la cruz a esa persona y muchos méritos tendría que hacer para llegar a caerte bien. Pero si tu charla interna es: «Parece un poco pedante, pero a lo mejor es una autodefensa, porque lo mismo es la mar de tímido; los tímidos reaccionan de formas muy raras», puede que te acerques a esa persona con simpatía y que le ofrezcas tu cordialidad, con lo que sin duda desmontarás su defensa y se pondrá a tus pies. Claro que también cabe la posibilidad de que sea un auténtico pedante impresentable; pero, en tal caso, la culpa será suya, porque tú habrás puesto de tu parte lo necesario.

La charla interna es, por tanto, un motor esencial para conducirnos hacia una u otra dirección. Si la charla interna de Manolo, en vez de: «Tengo que aprovechar esta oportunidad de ponerme ciego de pasteles, porque luego voy a dejar de comerlos durante un montón de tiempo hasta quitarme los kilos que me sobran; así que me tengo que comer una cantidad tremenda para desquitarme, porque luego se acabó», hubiera sido: «Voy a pasar una tarde excelente gozando de la buena música y saboreando un pastel delicioso. Por supuesto, pienso elegir el mejor de todos, el que más me apetezca, y lo voy a disfrutar durante todo el rato, compartiéndolo con la música y con el ambiente», no cabe duda de que Manolo hubiese evitado el malestar, la ansiedad, el entripado, la agonía de ver que se le quedaban los pasteles en el plato y el malestar de haber desaprovechado la ocasión, más el sentimiento de culpa. Al mismo tiempo, Manolo hubiera logrado disfrutar de la tarde, de la música, del pastel y de su propia autoestima sintiéndose afortunado por saber gozar de los pequeños placeres de la vida y planificando otra tarde similar en otro sitio parecido. Que hay muchos.

LA DIETA

Estamos acostumbrados a asociar la palabra dieta a la privación de comer, de la misma forma que estamos acostumbrados a asociar la palabra salud a la cura de una enfermedad. Pero aquí hablamos de mantener una dieta sana, es decir, de una conducta alimentaria que apuntale nuestra salud.

Entonces, ¿en qué consiste la dieta? ¿Cuál es el régimen? No hay régimen de nada. Ni de carbohidratos, ni de disociaciones, ni de nada de nada. La única dieta que tenemos que seguir es la mediterránea; al principio, como he dicho, con algunas restricciones, para aprender a enfrentarnos a determinados alimentos, e incluso sin restricciones si no hay kilos que perder y solamente se trata de mantener el peso actual.

¿La receta? Ahí va: dieta mediterránea en plato de postre. Los extras, si los hay, en platillo de café.

Eso quiere decir que podemos comer verduras, carnes, pescados, legumbres, frutas, lácteos, miel, aceite de oliva, cereales, mermelada, etcétera.

Pero en plato de postre. Es decir, la mitad de todo. En cuanto a los extras, como bollería, dulces, tocino, queso en aceite, chorizo frito y demás «pecadillos» deleitosos, cuando llegue el momento de tomarlos, siempre en platillo de café, es decir, la mitad de la mitad.

Parece que eso del plato de postre lo hace cualquiera, que es una perogrullada y que no tiene mérito alguno. Pues no es así porque, para acometerlo, es preciso aplicar una metodología que prevea y/o elimine los fallos, que ponga fin a los desvíos, que destierre las conductas inadecuadas y, sobre todo, que evite sentir hambre, frustración, angustia y todas esas cosas negativas que estamos hartos de sentir.

La diferencia estriba entre volvernos locos por los polvorones y saber que no podemos ni probarlos, que están proscritos, que jamás podremos comerlos sin engordar y sin echar por tierra nuestro esfuerzo dietético de un mes y, ¡oh, maravilla!, saber que podemos comer un polvorón al día o un par de ellos a la semana, según nuestras características particulares.

Ahora vamos con algunas ideas y consideraciones de principio; luego, en el capítulo siguiente, veremos la estructura de nuestro proceso de autoeducación.

Uno de los especialistas en nutrición más importantes de nuestros días, Francisco Grande Covián, ha dicho que no existen alimentos que no engorden. Que todo eso de que ciertas cosas adelgazan es un mito a desterrar para siempre. Los únicos alimentos que adelgazan son los que se quedan en el plato sin ser consumidos.

También ha dicho que la composición de la dieta ha de contener las suficientes proteínas, carbohidratos y grasas para satisfacer las necesidades que tiene nuestro organismo de estos tres productos. Añade que no deben de faltar las verduras, las frutas, las legumbres, los lácteos (a poder ser descremados) y que hay que olvidarse del alcohol.

Hay que tener cuidado para no eliminar alimentos sólo porque produzcan un aporte grande de calorías, porque pueden ser necesarios por sus proteínas o aminoácidos o por el motivo que sea. Es decir, no hay que eliminar de golpe las patatas, los plátanos y las uvas porque engordan, porque resulta que no engordan más que otros productos que consideramos «inocuos»; las patatas, los plátanos y las uvas contienen propiedades que son muy importantes para nosotros.

Dice también Grande Covián que las distintas comidas que se hacen a lo largo del día deben de contener alimentos que representen los seis grupos habitualmente consumidos, y que son los siguientes:

1. Leche, lácteos y huevos.
2. Carnes, aves y pescados.
3. Grasas y aceites.
4. Cereales, legumbres, patatas y azúcar.
5. Hortalizas y verduras.
6. Frutas.

Grande Covián aconseja comer de todo y yo añado que sin olvidar el plato de postre. Porque ahora se trata de adelgazar.

Veamos ahora algunas ideas generales.

Comer entre horas tiene dos efectos positivos: uno de ellos es llegar a la hora de la comida principal con menos apetito; pero es imprescindible que eso no elimine el consumo de nutrientes esenciales. Es decir, si para tener menos apetito a la hora de comer nos zampamos una onza de chocolate, que eso no nos haga prescindir del filete y tomar solamente la sopa. Mejor será tomar la fruta del postre antes de comer y después tomar la sopa y el filete ¡en plato de postre y sin que se derramen! El segundo efecto positivo es que el organismo necesita un aporte de calorías importante para hacer la digestión, es decir, digerir equivale a hacer ejercicio, quemar calorías. Si hacemos la digestión varias veces al día en vez de un par de ellas, tanto mejor para nuestro equilibrio entre lo que ingerimos y lo que quemamos.

Los estreñimientos feroces suelen desaparecer con la fibra alimentaria, aunque siempre debe consultarse con el médico. Si va bien, podemos optar por desayunar salvado en polvo, en grano, en barritas, en copos o en copos con miel, que está exquisito. Digo esto porque el salvado tiene dos ventajas: elimina el estreñimiento de la forma más natural y eficaz del mundo e impide que nos atiborremos de pan con mantequilla o de bollos con el café del desayuno o de media tarde.

Hay quien no sufre esa gaita del estreñimiento y no precisa salvado. Existen cereales varios, a elegir, aunque eso sí, la mitad, por favor. Si normalmente te tomarías un bol grande lleno de cereal con el café con leche, tómate medio.

Si no tomas cereales porque no te gustan o porque no te da la gana, divide en dos tu desayuno habitual. ¿Qué tú no desayunas? Mal hecho. Eso sí que es un desastre. Pero probablemente sea porque cenas tarde y a lo bestia. Cuando cenes poco y más temprano, ya verás como desayunas. Precisamente el desayuno es la comida que menos engorda, porque tenemos todo el día para digerirlo y en él es donde se puede uno permitir ciertas licencias sin problemas. La cena, sin embargo, es todo lo contrario. Es la que más engorda, porque no hay tiempo para digerirla antes de irse a la cama o se digiere en la poltrona y viendo la televisión, que es lo mismo que irse a la cama.

En todo caso, es otra conducta a modificar. Nada de saltarse comidas, ni de acumular todo lo comido y por comer a una hora del día, sino todo lo contrario: el secreto para no pasar hambre, para hacer que el estómago se contraiga, para tenerlo entretenido y que no proteste, para eliminar la ansiedad y facilitar las digestiones, es distribuir los alimentos a lo largo de todo el día. Y fíjate que no se trata de «picar entre horas» y de comerse cualquier cosa para matar el hambre, sino de separar una parte de la comida para más tarde; claro es que todo depende del tren de vida de cada uno y de sus necesidades de traslado y ajetreos laborales.

Por eso, como cada uno tenemos una forma de vivir y de distribuirnos el día, no podemos dar pautas exactas ni rígidas. Que cada uno se organice como pueda, pero sin olvidar que hay que comer la mitad de lo que comemos hasta ahora, y sin perder de vista las líneas maestras de este procedimiento.

A la hora de comer, comparte plato con alguien, pide plato único en el restaurante, déjate la mitad en el plato y, si estás en casa (feliz tú), guárdate la mitad para la cena o para mañana o para cuando quieras, pero no te la comas.

Guárdate el postre (si puedes) para dentro de dos o tres horas, que te vendrá al pelo, porque vas a tener hambre; distribuye tus comidas, siempre y cuando te sea posible, claro, a lo largo del día, de manera que no pases más de tres horas sin comer. Si no has conseguido tomarte parte del desayuno durante la mañana, por falta de tiempo o por falta de un momento oportuno, a lo mejor tienes un hueco a media tarde, que es cuando más hambre entra, y así llegarás a la cena sin comerte el mundo.

En resumen, poca cantidad pero frecuente, y el recuento final: la mitad de lo que comías antes.

Todo esto, dicho así, no parece gran cosa, porque solamente son ideas generales, como ya he dicho; pero para eso está la metodología, para darles forma y hacerlas efectivas.

Para averiguar en qué consiste la mitad de nuestra ingesta diaria, podemos hacer lo siguiente:

1. Colocar en una bandeja todos los alimentos que habitualmente consumimos al cabo de veinticuatro horas, es decir, nuestra ingesta diaria completa.

2. Luego, separamos la mitad de los alimentos situados en la bandeja y los pasamos a otra bandeja, al frigorífico, a la despensa o a donde corresponda. Es decir, a cualquier lugar menos a nuestro estómago. Quedan para otro día.

3. A continuación, nos enfrentamos a la mitad que quedó en la bandeja y distribuimos los alimentos a lo largo del día, de manera que podamos comer algo cada dos o tres horas.

Esto es, cuantitativamente, lo que vamos a ingerir, pero, cualitativamente, seguiremos la metodología adecuada que nos permita aprender a comer lo que no sabemos comer, es decir, aquellos alimentos que enfocamos con ansiedad porque generalmente nos han sido prohibidos.

EL MÉTODO

El método no es lo que hay que comer, sino cómo hay que comer y cuál ha de ser la conducta alimentaria a adquirir y, con ella, la percepción de todo lo que se mueve en torno a la comida.

No tengo más remedio que volver a insistir en que se trata de una metodología para toda la vida y que nada tiene que ver con un régimen para perder unos kilitos y conseguir enfundarnos el traje de esquiar. Precisamente, porque se trata de autoeducarnos para toda la vida, la primera condición para abordarla es no tener prisa. Según el número de kilos a perder, nuestras características personales y los recursos con que contemos para lograrlo podemos plantearnos un aprendizaje que dure entre uno y tres años. Más o menos. Y no es mucho, si lo comparamos con el tiempo que llevamos aprendiendo una conducta alimentaria equivocada. ¿O no es así?

El método es importante para lograr el éxito y para no despistarnos por el camino, aunque la filosofía también es válida por sí misma. Comer la mitad es comer la mitad, y eso es suficiente para perder peso. Pero comer la mitad con una metodología estudiada y probada tiene otros efectos que van más allá de perder peso. Elimina la ansiedad, disminuye paulatinamente el apetito y establece nuevas pautas de comportamiento que han de reemplazar a las pautas anteriormente aprendidas y que tan malas consecuencias han tenido para nosotros. El método hace que el estómago inicie y mantenga un proceso de disminución de tamaño, cosa indispensable para lograr reducir el apetito y establecer los controles y alarmas precisos, que harán que el sistema se asiente y funcione para siempre por sí mismo.

El método que vamos a seguir es cuantitativo, no cualitativo, aunque al principio hay ciertas restricciones cualitativas, pero siempre con gran flexibilidad, comprensión y tolerancia. Lo importante de este enfoque es que si alguna vez sacamos los pies del tiesto y notamos que estamos volviendo a las andadas, no tenemos que abandonar los alimentos que nos gustan, sino, simplemente, reducir la cantidad de ingesta. Si hay algo que abandonar, que sea por prescripción médica, por padecer cólicos, granos o flato, pero no porque engorde.

LA CAPACIDAD DEL ESTÓMAGO

Hay ciertos casos de obesidad mórbida y persistente en que, por determinadas circunstancias, todas las terapias de adelgazamiento fallan. Entonces, como último recurso, los especialistas aconsejan la cirugía. Claro es que se trata de pacientes que reúnen ciertas características de edad, peso, tiempo de evolución, etc.

La operación consiste, grosso modo, en reducir el tamaño del estómago. También hay técnicas de cortocircuito. En todo caso, son operaciones que entrañan ciertos riesgos y que van acompañadas de terapias, ejercicios, apoyo psicológico, etc. Si se reduce el estómago de una persona a la mitad de su tamaño, como sólo podrá comer la mitad, es evidente que perderá peso tras la operación y durante bastante tiempo.

La cirugía conlleva un tratamiento psicológico, como hemos dicho, para que el paciente aprenda a comer con moderación. De lo contrario, a medida que vaya comiendo más cantidad el estómago se irá dilatando, con el consiguiente aumento de peso. Por eso, nuestra primera meta es hacer que el estómago se reduzca y que cada vez acepte menor cantidad de alimento, pero con el complemento de no permitir que vuelva a dilatarse, lo que lograremos aprendiendo a no forzarlo a comer más de lo que puede.

Esto lo vamos a conseguir con nuestro método de autoeducación a medio y largo plazo; la diferencia entre nosotros y los obesos operados es que a nosotros no nos van a operar, ni vamos a someternos a tratamiento quirúrgico alguno para reducir el estómago, sino que nos vamos a autoeducar para que él solito, sin proponérselo, se vaya encogiendo hasta alcanzar el tamaño adecuado y, una vez logrado ese tamaño, mantenerlo utilizando todos los controles necesarios, pero ya sin esfuerzo, simplemente dejando que la naturaleza siga su curso sabio.

Y puesto que se trata de un plan a medio y largo plazo, dividiremos el tiempo en cuatro etapas o partes, cada una de las cuales comprende su objetivo, su charla interna y su refuerzo, y sirve de trampolín para pasar a la etapa siguiente.

Aquí están.

Capítulo 6
Primera etapa

A PRIMERA ETAPA del plan de autoeducación para el adelgazamiento perenne se inicia en el momento exacto en que decidimos que vamos a adelgazar, que esta vez será para siempre, porque ya está bien de gorduras, y que la decisión es irrevocable.

EL PLAN

Lo primero que hay que hacer es planificar el número de kilos a eliminar. Y eso no hay que planificarlo así de cualquier manera, ni dejarse llevar por corrientes, por información contenida en revistas ni por lo que opinen nuestras amistades. Los kilos a eliminar son cosa del médico. Antes de iniciar el plan, conviene hacerle una visita y contar siempre con su aprobación y orientación. No vayamos a estropear algo por no haberlo previsto, sobre todo algo tan importante como nuestra salud.

En cuanto a los objetivos, lo más conveniente es planificar dos:

1. Un objetivo obligatorio: eliminar los kilos que sobran hasta conseguir el peso que señale el MÉDICO, repito, no las modas ni la revista de turno.
2. Un objetivo deseable: eliminar dos o tres kilos más, para llegar luego al equilibrio. Una vez más, si es que el médico lo recomienda.

En cuanto al plazo, más vale no complicarse la vida. Si llevas diez, quince o veinte años funcionando con una conducta alimentaria inadecuada, no pretendas modificarla en unos meses. Date tiempo. Cuanto más tiempo tardes en perder los kilos, más se consolidará la pérdida, más difícilmente los podrás recuperar, más se asentará la conducta alimentaria adecuada y más reducido quedará tu estómago, de manera que no admita transgresiones sin protestar ruidosamente. Luego hablaremos de esto, de las protestas estomacales, que es muy importante.

No es conveniente perder al mes más de un par de kilos, pero todo depende del peso total a eliminar. Volvemos a lo de antes. El médico es el que mejor puede aconsejarte no sólo sobre el número total de kilos que debes perder, sino acerca del ritmo a que te conviene perderlos.

Hemos dicho bastantes veces, pero voy a repetirlo, que todos somos distintos y que reaccionamos de diferente manera a los estímulos. Por tanto, lo que funciona correctamente en una persona no tiene necesariamente que funcionar bien en otra y hasta es posible que le produzca reacciones contrarias o efectos secundarios perversos.

Estamos muy mal habituados no sólo a automedicarnos, sino a medicarnos siguiendo pareceres o consejos de personas o entidades que no tienen ninguna autoridad para ello.

Ahora está de moda averiguar el método que ha seguido determinado personaje de la televisión para quitarse los kilos que le sobraban. En cuanto una revista se entera de lo que ha hecho, lo publica y ya hay un montón de seguidores que se aplican a sí mismos el método, como si, en vez de ser personas con nuestras características que nos hacen diferentes, fuésemos vegetales.

No es lo mismo aplicar a nuestro huerto el mismo abono, producto o tratamiento que el vecino aplica al suyo, para que dé frutos sabroso y abundantes, que aplicar a nuestro organismo el mismo producto o tratamiento que otra persona se aplica, para quitarnos kilos o ponernos la piel suave.

El producto que a otro le deja la piel lisa, a nosotros nos puede generar una alergia y dejarnos la cara de cartón piedra. De igual manera, el tratamiento, la silueta y el peso que a nuestro vecino le sientan de maravilla, a nosotros nos pueden provocar reacciones inesperadas.

PUESTA EN MARCHA

Existe una tendencia bastante extendida a decidir iniciar este tipo de tareas un lunes, un día uno, un primero de año o, simplemente, mañana por la mañana. Todo eso es innecesario y no sirve más que para dos cosas:

1. Demorar la puesta en marcha de una decisión positiva.
2. Darnos tiempo a «despedirnos» de la vida glotona y relajada y aprovechar los días o los minutos que nos quedan para atiborrarnos de cosas buenas.

Demorar la puesta en marcha no sirve más que para arriesgarnos a echar marcha atrás y para engañarnos a nosotros mismos con una decisión poco firme. Las decisiones firmes son para ahora mismo. ¿Qué hay que esperar? Si se tratase de cambiar de trabajo o de irse a vivir a otra ciudad, sería justificable dejarlo para el lunes o para mañana por la mañana, pero dejar de fumar o empezar a comer correctamente es algo a poner en práctica ahora mismo, sin dilaciones engañosas. Resulta mucho más eficaz.

En el mismo momento en que decidimos poner en marcha el método de adelgazamiento, entra en funcionamiento la sugestión. La sugestión, como hemos dicho, es un mecanismo capaz de realizar una acción mediante un proceso inconsciente. La sugestión se desarrolla dentro de nosotros mismos y es una actividad que pertenece a la esfera de la inteligencia. Los animales no se sugestionan, aunque existen casos excepcionales y llamativos, como los embarazos histéricos de algunas perras.

La sugestión es una función psicofisiológica, es decir, implica elementos mentales y elementos corporales, por eso actúa sobre el cuerpo y sobre el cerebro. Y no tiene nada que ver con la sugestibilidad, que es la facilidad con que nos dejamos influir por los demás. El mecanismo del que hablamos actúa sobre nuestro propio cuerpo y nuestra propia mente, no tiene que ver con injerencias externas.

Todos poseemos capacidad de autosugestionarnos en mayor o menor grado, según nuestras características personales y según lo mucho o poco que hayamos ejercitado esa capacidad. Lo que es indudable es que la sugestión puede ayudarnos mucho en esto del adelgazamiento, al menos al principio, porque bien manejada consigue modificar los procesos más complejos. Si la sugestión funciona bien, en el momento en que decidimos ponernos a adelgazar, nuestro cerebro lanza una serie de órdenes internas para que nuestro organismo empiece a soltar agua como loco y para que nuestro centro de la saciedad comience a funcionar cuando debe de funcionar, es decir, cuando hemos comido lo suficiente y no cuando estamos a punto de reventar y buscamos desesperadamente el bicarbonato. A veces también se ponen en marcha los dispositivos que alejan de nuestra mente las mil y una tentaciones de comer lo que no debemos.

Lo malo es que no dura todo el tiempo. La sugestión puede mantener alejados de nuestro deseo los chorizos y la nata durante un tiempo, y hasta puede inhibir nuestro apetito y hacernos perder agua, obligándonos a visitar el váter con más frecuencia de lo normal, pero solamente durante un día o dos. Después viene la cruda realidad y empezamos a considerar la posibilidad de darle un tiento al paquete de chocolatinas, de apartar la manzana del postre y reemplazarla por unas buenas natillas y de recuperar el gusto por los torreznos a la hora de la merienda o del aperitivo.

Pero aquí no se trata de intentar que la sugestión haga nuestro trabajo, porque ese trabajo lo vamos a hacer nosotros echando mano a lo que haga falta. Pero lo haremos nosotros y nadie más. Y bien orgullosos que nos sentiremos después.

LOS ALIMENTOS

Empezaremos por dividir los alimentos en tres tipos:

1. Alimentos necesarios para el aporte de elementos nutricionales. Nuestra excelente y nunca bien ponderada y cacareada dieta mediterránea: carne, pescado, verdura, fruta, legumbres, patatas, huevos, lácteos, cereales, azúcar y el inmejorable aceite de oliva.
2. Alimentos útiles para el aporte de elementos nutricionales pero que no sabemos dosificar, puesto que por habernos esta-

do normalmente prohibidos o muy restringidos los miramos con ansiedad y tendemos a atracarnos de ellos en las etapas entre dietas: el pan con mantequilla, los bollos, el tocino, los fritos, la bechamel, la mayonesa y salsas similares, los frutos secos, las cremas, las empanadas y la cerveza; todo lo que nos sabemos de memoria de tantos regímenes como hemos seguido en nuestra vida, es decir, todo eso que no sabemos comer y que hemos de aprender a dosificar. Naturalmente, este grupo de alimentos cambia según los gustos de cada uno. Y no hay que darle demasiadas vueltas, porque cada uno sabemos sobradamente qué alimentos tenemos que aprender a comer.

3. Caprichos que no sabemos darnos con método, que no aportan nada que no aporten los otros alimentos, pero que son los que realmente nos gustan y sin los cuales no merece la pena vivir: los bombones, los pasteles, los helados, los torreznos, el pringue del cocido, el chorizo frito, el queso en aceite, el bocadillo de panceta, el whisky, los licores, etc., lo bueno de la vida, vamos. Lo que devoramos a escondidas en los momentos de debilidad, lo que nos pierde cuando creemos que ya habíamos conseguido cerrar el mes de régimen estricto, lo que puebla nuestros sueños y fantasías, lo insustituible.

Veamos la estructura de esta primera etapa y sus contenidos.

DIETA

En primer lugar, para esta primera etapa, hay que plantearse una dieta, porque en principio es la única manera de aprender a comer. Nuestra dieta será, pues, la mediterránea, el primer grupo de alimentos, eliminando de momento los otros dos grupos, aunque, como ya sabemos, sin rigidez y solamente hasta que aprendamos a dosificarlos y a comerlos de forma adecuada. Porque lo iremos aprendiendo en esta primera etapa, para poderlos disfrutar lo antes posible.

Comeremos, pues, verduras, legumbres, frutas, carne, pescado, huevos, patatas, cereales, azúcar, aceite y lácteos. La dieta está en función de las posibilidades y gustos de cada uno, pues es necesario adecuar los horarios de las comidas a los laborales y la distribución de la ingesta al horario laboral.

Este libro no trata de regímenes, ya lo hemos dicho; por tanto, daremos solamente una idea orientativa de lo que se ha de ingerir y de lo que no, así como de la frecuencia y la distribución; pero es preciso que cada uno lo adapte a su modo particular de vida y a su comportamiento. En todo caso, para establecer cuáles son los alimentos adecuados o precisos para cada persona se puede recurrir al médico de familia. Ahora lo importante es aprender a comer.

La primera diferencia fundamental entre esta temporada de dieta y las dietas que hemos seguido en tantas ocasiones es que, si caemos en la tentación de comer algo que no debamos, nuestra charla interna será totalmente distinta a la que hemos realizado en las otras ocasiones. En lugar de «Bueno, como ya me he saltado hoy el régimen y me he comido un pastel, ya da igual, así que hoy me aprovecho y me atiborro de lo que me gusta y mañana retomo la dieta. Total, todo se reducirá a alargarla unos días más», y como aquí no se trata de alargar o acortar la dieta, y además ésta en sí no tiene más valor que el de perder peso más rápidamente y el de aprender a utilizar las cosas «antes prohibidas» como premios y refuerzos, no hay nada que saltar, nada que dejar hoy ni nada que retomar mañana. Si caemos en la tentación, la charla interna ha de ser: «Vaya por Dios, ya he caído. Bueno, no somos perfectos. Como me he zampado un pastel a media tarde, ya he consumido la merienda y parte de la cena, así que cenaré algo menos de lo normal.»

La segunda diferencia fundamental entre este período de dieta y los regímenes conocidos estriba en que, cuando hemos seguido anteriormente un régimen, hemos adelgazado y, al dejarlo, hemos vuelto a engordar; mientras que en este caso iremos incorporando a nuestra dieta del grupo 1 los alimentos del grupo 2; después los caprichos del grupo 3, y cuando dejemos la dieta no volveremos a engordar en la vida.

Este método es cuantitativo, no cualitativo, es decir, se centra en la cantidad más que en la cualidad. En caso de trasgresión, es preferible comerse un pastelillo pequeño a dos platos de cocido. El pastelillo es cualitativamente poco deseable para perder peso y para la educación nutricional, pero los dos platos de cocido destruyen la meta principal, que es reducir el tamaño y la capacidad del estómago.

En segundo lugar, hay que organizarse con las comidas. Después de todo lo que hemos dicho, escrito y leído ya sabemos que esto consiste, fundamentalmente, en comer la mitad de todo; y en comer la mitad de la mitad de todo lo que no sabemos comer, de lo que nos genera ansiedad y de lo que suele estarnos prohibido en el caso de que caigamos en la tentación antes de tiempo. Plato de postre y platillo de café.

Como es conveniente tomar tres piezas de fruta al día, podemos tomar una antes del desayuno, otra, media o una hora antes de comer, y la tercera, media o una hora antes de cenar. Nos servirá para preparar el estómago, para eliminar la ansiedad, para no caer en la tentación de picotear antes de las comidas, que es cuando más hambre se tiene, y aplacará y tranquilizará la espera.

También hemos dicho que no hay que saltarse comidas, sino al contrario. Hay que dividir la cantidad de ingesta diaria en varias comidas. Porque no es lo mismo comer la mitad de lo habitual a las tres de la tarde y quedarse arañando las paredes hasta las nueve o las diez, que es la hora de la cena, que organizarse de la manera siguiente:

Desayuno. Supongamos que tu desayuno se compone de una pieza de fruta y un tazón de café con leche o de leche con cereal. Si sustituyes el tazón por una taza, habrás cumplido la regla y te podrás tomar otra taza con cereal al cabo de dos o tres horas y, como tomarás otra fruta media o una hora antes de comer, habrás comido tres veces a lo largo de la mañana y seguramente la mitad de lo que solías. Claro que todo eso depende de dónde te halles a media mañana, porque si estás en una reunión mal puedes andar con el cereal a vueltas; por eso hemos quedado en que cada uno se ha de preparar y distribuir la alimentación según sus posibilidades y su tren de vida. Media tostada o medio bollo pueden reemplazar a la media taza de cereal.

Lo del cereal lo digo con toda la intención del mundo, porque tiene numerosas vitaminas; si es integral, tiene menos calorías; puedes elegir uno con mucha fibra para evitar estreñimientos, llena bastante, es sano y, sobre todo, elimina de un plumazo los churros y la mantequilla o la margarina, que suelen formar parte de los alimentos que hemos de aprender a comer con método.

Una vez más, repito que todo esto es orientativo. Si tu desayuno habitual es un pincho de tortilla y una cerveza o un par de huevos fritos con jamón, acuérdate: la mitad. Medio pincho o un huevo con media loncha de jamón. Si lo tomas con pan, redúcelo a un pellizco. Y si puede ser, reemplaza la cerveza por un zumo de tomate o por un vasito de vino tinto. Si te es posible, divide el medio pincho en dos porciones y tómate una cada dos horas, para rellenar el estómago hasta la hora de comer. Media hora antes de comer, no olvides tomar una pieza de fruta. Si lo tuyo son los huevos con jamón, ya sabes: un huevo con un pellizco de pan y, al cabo de un par de horas, el jamón con el «otro» pellizco de pan.

Comida. Supongamos que a mediodía tomas un plato de legumbres y otro de carne o pescado y un postre. Reduce el pan a un currusco o rebanada; si te gustan y tienes hambre, reemplaza el primer plato por verduras y cómete el plato entero, porque te ayudarán a disminuir el tamaño del estómago, a acelerar la sensación de saciedad y a perder peso. Si tomas legumbres, has de saber que no engordan, ¿quién lo ha dicho? Lo que engorda es la morcilla, el tocino y el chorizo. Ya sé que no es lo mismo comerse unas judías blancas estofadas con una patatita y una zanahoria que tomárselas con oreja de cerdo y chorizo, pero aquí se trata de perder peso y ya sabemos que el procedimiento no es ningún camino de rosas. Si no puedes resistir la tentación, toma un pedacito pequeño de oreja y otro de chorizo. Más vale transgredir que cargarse de ansiedad.

En cuanto a la carne o al pescado, lo siento, pero hay que partir la ración habitual por la mitad. Y dejar a un lado la guarnición o reducirla a la mínima expresión. El vino tinto parece que es buen ayudante para la digestión, y además aporta hierro, así que puedes tomar un vasito con la comida y otro con la cena, a ser posible en catavinos o copa de licor.

El postre, que bien pudiera ser queso fresco o yogur, si puedes no lo tomes y guárdatelo para media tarde, que te va a venir de perlas. Si andas por la calle, permítete también una taza de café con leche a media tarde. Si pasas la tarde en casa o en un lugar en el que puedas tomar lo que quieras, tómate un puñadito de cereal con el café y deja el postre para un par de horas después, o un poco antes, el caso es dividir.

Como a las ocho y media o nueve de la noche tendrás un hambre feroz, acostúmbrate a cenar (con las mismas pautas de la comida de mediodía) a esa hora y a irte a la cama con el estómago ligero: evitarás ardor de estómago, pesadillas, flatulencia y, sobre todo, si eres de las personas que no desayunan, dejarás de serlo. Mientras preparas o te preparan la cena, tómate la fruta. Te ayudará en la espera, te preparará el estómago y evitará que empieces a picar a diestro y siniestro.

En resumen, has comido varias veces a lo largo del día y en ellas has consumido bastante menos de lo que venías consumiendo hasta ahora.

Procura acompañar todo este proceso de algún ejercicio, aunque sólo sea caminar, dejar el coche, tomar el autobús y apearte una parada o dos antes, apuntarte a algún gimnasio o practicar algún deporte. Si no tienes costumbre de moverte, tómatelo con mucha calma y elige algo muy suave para comenzar. Ya hemos quedado en que el ejercicio solo no adelgaza, solamente completa la dieta, previene ciertas enfermedades, ayuda a perder peso y todo eso que ya sabemos. Las piscinas cubiertas son una maravilla para nadar en invierno. Un ejercicio completo y tonificante.

Si el ejercicio te fatiga o no tienes hábito de hacerlo, consulta primero con tu médico y averigua cuál es el tipo de deporte más adecuado para ti. Hay gente que se lanza a correr, a jugar al tenis o a practicar el baloncesto sin preparación previa o después de mucho tiempo de no hacer ejercicio. El corazón puede resentirse. No olvides que el sobrepeso es una enfermedad que predispone a ciertos sustos.

Y no te olvides del agua. Hay que beber agua, pues ayuda a eliminar toxinas, celulitis y residuos, evita la deshidratación y llena el estómago... engañosamente, pero lo llena. Consulta con tu médico, pídele su parecer. ¿Cuánta agua te conviene beber?

METAS

La meta final de esta metodología es autoeducarnos y perder peso, pero ahora vamos a dividir esas dos metas principales, finales y a largo plazo, en otras más próximas y a corto plazo.

Las metas de esta primera etapa consisten en:

1. Perder los primeros cinco kilos, lo cual pondrá en marcha los mecanismos de pérdida de peso y comenzará el proceso de reducir el estómago. Como precisamente esos primeros kilos son los que antes y más fácilmente se pierden, la longitud de esta primera etapa puede ser de dos a seis meses, según nuestra capacidad para mantener apartados o aprender a comer los alimentos del grupo 2 o los del 3.

   El tiempo es orientativo y vuelvo a repetir que todo depende de nuestras características fisiológicas y psíquicas y de los kilos que tengamos que perder, porque la única forma de averiguar que la etapa ha llegado a su fin es el alcance de las metas. De las tres. Porque si al cabo de un mes ya has tenido la suerte de eliminar los primeros cinco kilos, pero te mueres de ansiedad a la hora de comer y te parece imposible pasar por una pastelería y mirar sin caer en la tentación, no habrás alcanzado las tres metas, sino sólo una.

2. Controlar la ansiedad ante la comida, toda vez que sabes que nunca más tendrás que privarte de las cosas que te gustan. Lo lograrás mediante la charla interna y el aprendizaje.

   Hemos quedado en prescindir de lo que no sabemos comer durante esta primera etapa. Y todos sabemos de sobra qué es lo que nos genera ansiedad y lo que no sabemos dosificar: para unos, el pan; para otros, el whisky, la cerveza, y para algunos, las grasas o los dulces.

   Supongamos que te pierden, entre otras cosas, las pastas de té y los licores dulces. Como has decidido emprender el arduo camino hacia la pérdida de peso, te olvidas de los dulces y del alcohol, pero vas a una fiesta y te encuentras una bandeja repleta, sola y al alcance de tu mano.

   No te prives, no sufras; ante todo, no te llenes de ansiedad. Has ido a la fiesta y allí está la tentación. Incluso ni siquiera tienes que ir a buscar la bandeja, porque hay un atento camarero o la misma dueña de la casa que te la ofrecen y te la ponen bajo la nariz con una sonrisa. Es tan fácil como esto: tomas una pasta, la que más te apetezca, y una copa de ese licor

de turrón que tan bien huele y sabe. Pellizcas o mordisqueas
la pasta y tomas un sorbito del licor (no te están prohibidos,
pero todavía no te convienen); tras el pellizco o el mordisco y
el sorbo, dejas el resto de la pasta en una papelera o cenicero
y la copa en una mesa. Y SE ACABÓ.

3. Reducir el tamaño del estómago, comiendo menos y con más
   frecuencia. Lo iremos viendo en cada momento.

APRENDIZAJE

Cada etapa conlleva, naturalmente, su aprendizaje, y precisamente ésta es la más ardua porque queda todo por aprender.

Aprende a situarte frente a la comida. No te sientes ante el plato
y lo enfoques como algo a devorar cuanto antes para pasar al siguiente, sino como algo a considerar despacio y con calma. Siéntate cómo-
damente, desdobla la servilleta, toma los cubiertos y disponte a saborear hasta el final cada cucharada y cada mordisco de lo que vas a
ingerir. Si tienes auténtica prisa, qué le vamos a hacer, pero deja el
aprendizaje para la comida siguiente y no lo olvides.

Independientemente de la cantidad que vayas a ingerir, aprende
a comer despacio y a saborear los alimentos. Cuanto más tardes en
comer, más sensación de saciedad notarás, más placer obtendrás de
la comida, mejor harás la digestión y menos engordarás.

Aprende a dejar la cuchara o el tenedor sobre la mesa mientras
masticas e insalivas el bocado. Habla con alguien, lee el periódico,
mira el telediario. Quizá no es muy afortunado mezclar la comida
con la lectura o la televisión, pero impedirá que te lo comas todo en
un abrir y cerrar de ojos y que te quedes mirando al tendido antes de
tiempo. Prueba a comer con los ojos cerrados. Es una estrategia que
predispone a la calma y, por tanto, a comer despacio. Otro truco
puede ser calentar la comida hasta que queme y nos obligue a tomar-
la muy despacio. Invéntate tu propio truco, que es el que mejor te va
a funcionar.

Aprende a prepararte para comer las cosas pequeñas. No te comas las cosas por el camino: si vas a la cocina a por el postre, por
ejemplo, no vengas comiéndotelo por el pasillo. Disponte a comerlo

y prepárate para ello. Siéntate, ponte a gusto, organízate y luego empieza a pelarlo o abrirlo despacio. Recuerda que NADIE TE LO VA A QUITAR.

Aprende a saborear el vino. Una copita de licor llena de un buen tintorro puede ser néctar y ambrosía a la hora de comer si sabes saborearlo despacio, a pequeños sorbitos, degustándolo con todo el placer del mundo.

Aprende a mordisquear despacio y a insalivar bien. No te comas las cosas en un santiamén. Tómalas despacio, chupa, saborea. Haz que te duren. No mires un yogur o la taza del desayuno como algo que se engulle en un instante, sino como algo a degustar lentamente, con pequeñas cucharadas y saboreando cada una. Recuerda otra vez que ES TUYO y que NADIE TE LO VA A QUITAR. Si te tomas una rebanada de *plum-cake* de un bocado, peor para ti. Habrás perdido su sabor, su textura y su disfrute.

Aprende a pellizcar las cosas buenas. Dar un pellizco al pan sabe mejor que meterse media barra en la boca. Un pellizco a una loncha de jamón o a un trocito de queso los hace durar casi eternamente. Una pasta pellizcada con cuidado, recogiendo una a una las miguitas, aporta la sensación de disfrutar de un alimento «prohibido», permite seguir conversando sin hablar con la boca llena, calma la ansiedad ante lo que ha de venir después y, ante todo, demuestra nuestra capacidad para disfrutar de la comida sin prisas.

Aprende a valorar y a guardar los «poquitos». Por ejemplo, si cuando te sirves un plato de comida queda un poquito en la cazuela o en la fuente, generalmente lo agregarías a tu ración «para que no se quede ahí, porque es una pena». Pues no, ahora tienes que aprender lo contrario. Deja ese poquito, que verás cómo te sabe a gloria por la noche o al día siguiente. No te preocupes por dejar una croqueta sola (la de la vergüenza), un par de cucharadas de judías o un culín de vino.

Aprende a prescindir, no a tirar, ojo, porque con varios poquitos te puedes preparar un plato si eres ama o amo de casa. Si tomas cereal, no te dé pena dejar un puñadito en el paquete. Si tomas biscotes, no sufras si queda uno (será tu siguiente ración). Aprende a verbalizarlo con la charla interna, que va a ser para ti el arma más valiosa en estos momentos. Léela, viene a continuación.

Aprende a levantarte de la mesa sin reventar del hartazgo, incluso con la sensación de que te comerías algo más. Si sueles tomar café después de comer, tómalo con leche y con un poco de azúcar o edulcorante para que te sepa dulce y te ayude a levantarte de la mesa sin hambre.

Y cuando sientas apetito al cabo de un rato, aguanta, trabaja, piensa en otra cosa, haz ejercicio y date cuenta de que, al cabo de un par de horas o tres, te podrás tomar otro café, incluso con un puñadito de cereal, un biscote o una rebanadita de pan; luego está el yogur o el queso fresco del postre que te guardaste tan oportunamente, y después la fruta de antes de la cena.

Si vas a un restaurante en que los platos son abundantes, aprende a pedir un solo plato. Si es carne o pescado con guarnición de verduras o ensalada, miel sobre hojuelas. Y si el postre es fruta, queso fresco o yogur, mejor que mejor.

Si los platos siguen siendo grandes, aprende a pedir el más pequeño. Siempre el más pequeño que haya y que concuerde con tus gustos. Aprende a acompañar la petición con tu charla interna: «A ver si puedo con él, a ver si no es demasiado grande.» Recuerda el objetivo de romper la asociación indeseable entre la cantidad de comida y la insatisfacción.

Aprende a compartir el plato con tus acompañantes. Aprende a plantear preguntas como ésta a los compañeros o a la familia a la hora de pedir la comida: «¿Quién comparte conmigo un chuletón?» Y si nadie lo comparte, pide otra cosa más pequeña.

Aprende a esperar la hora de comer algo, porque ahora el plazo es más corto que antes, ya que comes cinco o seis veces al día. Así que, nada de picar. Lo que haces no es picar, sino distribuir tus comidas. Picar es un extra que hay que desterrar hasta controlarlo. Lo siento.

Aprende a rechazar los alimentos que hemos encuadrado en la categoría de caprichos. Ya podrás permitírtelos más adelante, cuando hayas aprendido a dosificarlos. Pero si la ansiedad te resulta intolerable y no puedes soportar pensar en el paquete de almendras (garrapiñadas, para más inri) que hay en el armario de la cocina, no te apures. Toma una, sólo una, la más gorda si quieres. Llévatela a tu lugar predilecto, ya sea el sillón de orejas frente al televisor, el sofá junto al tocadiscos y en compañía de un buen libro, o bien la mecedora del porche contemplando el anochecer. Llévate allí la almendra entera, sin morderla por el camino. Siéntate, acomódate y saboréala muy despacio, con fruición, lenta y gustosamente. Ya que pecas, peca a gusto. Pero eso sí, una y sólo una pieza. Que te dure el tiempo necesario hasta que te organices una charla interna para no volver a levantarte a por otra. No olvides que este método es cuantitativo, no cualitativo.

Recurre a lo que sea, pero no abandones tan pronto. Sólo se sufre al principio.

CHARLA INTERNA

Puesto que esta primera etapa es la más difícil y prácticamente la única difícil, es sumamente importante cuidar de la dirección de nuestra charla interna, esa que mantenemos con nosotros mismos cada vez que se presenta una ocasión relativa a la comida.

Veamos la charla que nos conviene en el episodio de la fiesta, la pasta y el licor.

«¡Huy!, ¡qué buenas! Tomaré una, porque queda muy desairado lo de decir que no, pero en realidad no me la merezco; porque, vamos a ver, ¿qué he hecho yo para merecerme la pasta y la copa? Todavía nada, ni siquiera he perdido los primeros cinco kilos; así que la tomaré, porque puedo, pero solamente la mordisquearé; la probaré, cataré el licor y lo dejaré. Cuando me lo gane, es decir, cuando alcance mi meta, ya será otra cosa.»

En cuanto a los momentos «normales» de comer, cuando prescindas con dolor de la mitad de la ración y la guardes para otra ocasión, no te lamentes; recuerda que estás en el camino que TÚ has elegido para perder ese peso maldito y que cada vez te va a costar menos renunciar a esa mitad. Cada día que pase, tu estómago se contraerá un poquitín más y, poco a poco, te irá demandando menos cantidad hasta que la mitad resulte suficiente.

No te olvides del enfoque de tu charla interna. En lugar de «Me voy a quedar a dos velas», piensa: «Dentro de poco no podré ni con esto.» Y sin que te des cuenta, llegará. Lo vas a ver.

Cuando dejes en la fuente el poquito de pisto, el puñadito de arroz o el culito de tintorro cambia tu charla interna. En lugar de «¡Qué pena dejar esto! Lo voy a terminar», di: «Esto queda para mañana, que me va a saber a gloria; mañana me lo termino y sanseacabó.» Y si no estás en tu casa, no pienses en que es un desperdicio (si es una invitación) o en que ya lo has pagado (si es un restaurante); cambia tu charla interna y piensa: «Ya he comido bastante, no tengo que comer más. Tengo que aprender a comer la mitad. Y si me da pena, es igual. Ya me desquitaré de todas las penas del mundo cuando vea que pierdo kilos, que cada vez tengo menos apetito y que, encima, puedo disfrutar de alimentos prohibidos.»

Si sientes hambre antes de irte a la cama modifica tu charla interna habitual. Puede que hasta ahora haya sido algo así: «Ahora mismo me levantaría y me comería el paquete de almendras que han quedado en el armario de la cocina; no sé si aún no me levantaré y..., ¡qué caramba!, voy a por ellas. ¡Al infierno el régimen!» Pues ya sabes, ahora tienes que enfocarla más o menos así: «Ahora mismo me levantaría y me comería el paquete de almendras que han quedado en el armario de la cocina; pero no me voy a levantar a por ellas, porque me va a dar un cólico miserere si me las tomo después de cenar; se me puede cortar la digestión; además, tengo el objetivo de encoger el estómago y con eso lo echaría todo a perder; dentro de poco, no sentiré esto nunca más.»

Y si, finalmente, te levantas a por la ALMENDRA, como ya hemos dicho, haz que tu charla interna no te culpabilice, tampoco es para tanto, sino que sea algo parecido a esto: «¡Qué tentación irresistible! He caído, pero sólo una, porque estoy aprendiendo a controlarme, a degustar, a reducir el estómago y a comer como Dios manda. Sólo una, porque no aguanto la tentación. Una y nada más. Y sólo hoy.»

REFUERZOS

Cuando te subas a la báscula y compruebes que has perdido los primeros kilos, vas a ver qué gran refuerzo. Cuando veas que no es tan difícil, que puedes dejar la mitad de la pasta y la mitad del licor y que no pasa nada, verás qué gran refuerzo.

Cuando te des cuenta de que cada vez te cuesta menos dejar la mitad para luego, para otro día o para nunca, que tu estómago te reclama comer con menos frecuencia, verás qué gran refuerzo.

Y, además, sabrás que cada vez queda menos para completar esa etapa. Que cada día que pasa, cada día que vences, es un día más en que consolidas tu nueva costumbre; que cada día pierdes unos gramos, aparentemente imperceptibles, pero que al final del mes suman uno o dos o tres kilos, y que es un día más cerca de tu meta. Cada uno de estos días es un refuerzo que aumenta tu autoestima.

Imagínate lo que será cuando te des cuenta de que miras la comida sin ansia.

OBSTÁCULOS

Destierra para siempre jamás la frase perniciosa: «Hoy me lo salto.» Hemos quedado en que aquí no hay nada que saltar. Si analizas esa frase, te darás cuenta de que encubre un movimiento de retroceso y que su verdadero significado es: «Me vuelvo atrás, dejo el método de adelgazamiento, ya lo retomaré en otra ocasión.» Enfócalo con toda sinceridad y no te engañes. Es mejor que te replantees el método, porque algo está fallando. Puede ser que tu motivación haya disminuido o que no sea tan sólida como pensabas. Puede ser que flaquee tu fuerza de voluntad y entonces es mejor que lo dejes de momento, porque no merece la pena que pases unos días de malestar, que son el principio de la primera etapa, para luego dejarlo.

Estudia el caso. Si se trata de un momento pasajero, de una tentación irresistible, es decir, si te has comido un bocadillo o un pastel «entero» pero te arrepientes profundamente y quieres seguir con el método, perdónate. Tampoco es para tanto. No pasa nada. Sigue como si nada hubiese sucedido, pero asegúrate de que no es un subterfugio que te montas para burlar tu propia vigilancia. ¿A quién quieres engañar?

Si se trata de una flaqueza duradera, no sigas adelante. Deja el método y ya lo retomarás en otra ocasión, cuando tu decisión sea firme y sólo sea tuya, es decir, cuando tengas la suficiente motivación para no echarte atrás a la primera de cambio. Repasa el capítulo de las motivaciones, analiza tu conciencia y mira a ver qué es lo que no te está compensando.

Precisamente por esto he insistido tanto en que la motivación ha de ser interna. Si estás siguiendo el método porque quieres sorprender a los demás, porque te ha mandado el médico que adelgaces o porque has hecho una apuesta, verás la cantidad de engañifas, trampas y subterfugios que te acuden a la mente para engañarte y para engañar a quien sea. Pero si estás siguiendo el método porque tú y sólo tú has decidido que quieres adelgazar y no volver a engordar nunca jamás, el engaño no servirá de nada.

Veamos, como ejemplo, otro obstáculo que tendrás que salvar. Cuando expliques a la gente en qué consiste esto de adelgazar para toda la vida, siempre habrá algún listo que te pregunte: «¿La mitad de qué? Porque si pides una mula rellena de pajaritos y te comes la mitad...»

Tú sabes de sobra a qué me refiero cuando digo la mitad. La mitad de lo que comes habitualmente, no creo que suelas comerte una mula rellena de pajaritos, pero sí puede ser que te comas dos huevos fritos con dos lonchas de jamón y media barra de pan; dos filetes empanados con una fuente de patatas fritas; ocho croquetas; un besugo a la espalda; una fuente de migas con torreznos, chorizo y morcilla; dos platos de fabada; una pierna de cordero al horno, y todas estas cosas acompañadas de otro plato y del postre.

Según el listillo de turno, podrías pedir en el restaurante cuatro filetes y comerte dos; así comerías la mitad. Según yo, eso solamente hará que suba la cuenta del restaurante, que tires comida cuando tanta gente muere de hambre, que sigas engordando y que no cumplas tus metas; pero no habrás engañado a nadie. Es más sincero y ventajoso dejar el asunto para otro año, para cuando haya la motivación interna suficiente. Y es mucho más práctico dejarse de historias y pedir en el restaurante un plato más pequeño.

Otro obstáculo que tendrás que vencer es el maligno enviado de Satán y sus huestes, que te sugiere: «Como has perdido dos kilos, date un premio.» Y desde luego, entiende como premio un bocadillo grande de tocino. Pues no. El premio es el haber perdido los dos kilos y el saber que estás más cerca del final y que estás aprendiendo a comer de manera que no tengas que privarte absolutamente de nada en el futuro. Porque la meta de esta etapa, que tú y nadie más que tú te has impuesto, es quitarte cinco kilos, no dos; así que, nada de premios extras, que todavía no te los has merecido.

Cuando salgas con amigos tendrás que enfrentarte al temido momento de qué pedir en el *pub* o en el bar. Pues ya lo sabes: elige entre un zumo, un café, agua mineral o cosas así. Si vas de copas, un vasito de vino tinto. ¿Qué le vamos a hacer? Todo sea por recuperar el buen tipo. Si no puedes controlar la ansiedad ante los panchitos, las almendras o las aceitunas, aplícate el cuento del cóctel y ya sabes, uno y despacito. Bien mordisqueada con toda lentitud, una patata frita da para mucho.

Y no te dejes convencer por las supersticiones y los dichos. Cuando te vean comer un trozo de queso, un pinchito de chorizo, un cuscurro de pan o una galleta con tal deleite y fruición, despacio, saboreándolo hasta aburrir, más de uno te querrá hacer creer que eso te engorda el doble, por la satisfacción con que lo comes. Ni hablar. El placer en la comida no engorda. Lo que engorda es comerse el queso o el chorizo entero, aunque sea sin placer ni regodeo.

CONTROLES

Para evitar tomar un rumbo equivocado y permanecer en él largo tiempo, sin conseguir nada y abocados a la frustración, es evidente que no podemos olvidarnos de los controles.

Pésate una vez a la semana, a poder ser en la misma báscula, a la misma hora, con la misma ropa y en las mismas circunstancias. Ya sabes que, a veces, el organismo retiene agua (por ejemplo, antes de las menstruaciones femeninas) y la báscula sube que da horror, pero a los dos o tres días se elimina por arte de birlibirloque y los kilos se van por donde vinieron. Lo normal es que al principio pierdas más y que después empieces a perder menos kilos, pero como ya hemos quedado en que no tenemos prisa, no pasa nada. Lo importante es que la línea muestre una tendencia descendente, que bajes gramos, pero que bajes.

Si pasan quince días y sigues pesando lo mismo, haz examen de conciencia. ¿Te has confiado? ¿Te has premiado antes de tiempo? ¿Has aumentado la ración como quien no quiere la cosa? ¿Has incorporado algo que antes no estaba? ¿Tienes estreñimiento? ¿Has dejado de hacer ejercicio? ¿Bebes bastante agua?

Disminuye lo que aumentaste y elimina lo que añadiste. Sustituye alimentos con muchas calorías por otros con menos. A ver ese alcohol, que no pase de una copa a la comida y otra a la cena, o esas transgresiones, que no se hayan multiplicado en frecuencia y cantidad.

Bueno, todo esto son ideas. Tú sabes de sobra lo que está pasando.

Comprueba el control de tu ansiedad ante la comida. Analiza bien tu charla interna delante de cada plato que te vas a comer o «que no te vas a comer».

Observa que si comes más de lo previsto, sobre todo de noche, o tomas algo a medias de la digestión, te cae mal, sientes pesadez y has de emplear el bicarbonato o la manzanilla. Será la señal inequívoca de que tu estómago ha comenzado a reducir su tamaño y de que el centro de la saciedad está funcionando en el momento adecuado. Si las molestias de tu estómago te preocupan o son frecuentes, acude inmediatamente a tu médico.

FIN DE LA ETAPA

Ya hemos quedado en que reconocerás el final de la etapa por el alcance de las metas. Si no recuerdo mal, eran perder los primeros cuatro o cinco kilos (yo no te digo cuántos, eres tú o tu médico quien debe decidirlo), controlar la ansiedad ante la comida y reducir el tamaño del estómago.

Por tanto, cuando te encarames a la báscula y compruebes que has bajado esos kilos; cuando pienses sin malestar en los chorizos o en el chocolate, que pronto podrás comer, porque estás aprendiendo a dosificarte y a no atiborrarte, y cuando veas que el plato te llena antes de tiempo, habrás llegado al final de la primera etapa, habrás logrado las primeras metas, las más difíciles, y te encontrarás a punto para saltar a la segunda etapa.

Además, habrás ahorrado dinero, porque en vez de comprar ciertos alimentos dos veces a la semana, tendrás suficiente con una y, en vez de pedir dos platos y postre en el restaurante, pedirás solamente uno.

Habrás mejorado la salud de tu aparato digestivo. Se acabaron la acidez, la pesadez, los sueños angustiosos y la hinchazón. Habrás mejorado también los problemas que conlleva la obesidad. Los dolores de espalda irán disminuyendo, porque el saco de kilos que llevas a cuestas habrá rebajado su peso. Dentro de poco, sabrás lo que es NO tener dolor de espalda, lo que significa agacharse sin resoplar y el placer de subir las escaleras silbando.

Date un gusto. Cómprate una prenda de ropa que te agrade y que antes no te pudieras poner. Hazte una foto y mírala, comparándola con las fotos de «antes». Si has emprendido el método por padecer alguna dolencia, comprueba que has mejorado. Hazte análisis, cuéntaselo a tu médico.

Capítulo 7
Segunda etapa

*L*A SEGUNDA ETAPA ES, naturalmente, más fácil que la primera. En primer lugar, el organismo ha iniciado el camino de la reducción de peso, poniendo en marcha todos sus dispositivos y aparejos. En segundo lugar, has aprendido a enfrentarte sin ansiedad a la comida y a dejar la mitad en el plato, cuando en el restaurante se empeñan en ponerte dos lonchas de jamón en lugar de una como pediste. Has aprendido a dejar el último rincón del paquete de cereal para el desayuno de mañana o un trozo de tortilla «para cenar», sabes dejar a un lado medio filete, etc.

Empezamos esta segunda etapa con el estómago más reducido. La prueba fehaciente de ello la tendrás en cuanto te pases un poco y notes que se presentan dificultades para digerir.

DIETA

En esta etapa puedes ir incorporando los alimentos del segundo grupo, es decir, los que aportan elementos interesantes, pero que has de aprender a comer adecuadamente, pues los caprichos quedarán para la tercera etapa. Hay que ganárselos; de momento, es preciso obviarlos; pero como hemos quedado en que aquí no hay rigidez, podremos aceptarlos de vez en cuando.

METAS

Las metas de esta segunda etapa son:

1. Perder los kilos necesarios hasta alcanzar el objetivo obligatorio. Esta etapa es mucho más larga que la primera, pues ha de

durar hasta que hayas perdido los kilos señalados en tu objetivo obligatorio; pero ya hemos quedado en que no hay que tener prisa. Ya sabemos que los kilos que se pierden pronto se recuperan pronto y que un método no es efectivo a menos que sea duradero. Hay que dar tiempo al metabolismo a que aprenda a ir por donde debe y no por donde quiere.

2. Consolidar el proceso de autoeducación para poder comer tranquilamente las cosas ricas que engordan. Una vez eliminada la ansiedad, es preciso consolidar el aprendizaje, que va en aumento. No olvidemos que ha de durar toda la vida y que tiene que estar a salvo de contingencias, lo que incluiremos en la planificación de esta etapa.

3. Consolidar la capacidad del estómago, hasta el punto de que cualquier exceso produzca pesadez. Eso nos enseñará que no hay que excederse en la comida.

APRENDIZAJE

Si realmente has eliminado la ansiedad ante determinados alimentos (y si no es así, ¿qué haces en esta etapa? ¡Vuelve a la anterior!), ahora has de aprender a dosificar lo que te gusta. Eso consolidará tu aprendizaje autoeducativo.

Si tomas cereal para desayunar, aprende a comprar de vez en cuando un paquete de galletas y tomar una en el desayuno, para acompañar al cereal. Si compras un bizcocho, aprende a cortar cada mañana una rebanadita, sólo una, y tómala muy despacio, degustando todo su sabor, como ya has aprendido en la anterior etapa. Cuando tomes la segunda taza de café con cereal o biscote de la mañana, nada de galletas ni bizcocho. Una galleta o una rebanada de pan al día. Si en vez de cereal tomas media tostada con mantequilla, nada de galletas. Ya tienes bastante refuerzo.

Si desayunas en el bar, aprende a pedir una porra, dos churros o media tostada, nada de raciones completas.

Si desayunas medio pincho de tortilla, aprende a tomar un vasito de cerveza, pero nunca una lata o una botella. De momento, medio botellín. Y saboréala bien, que te va a saber a gloria pura.

Si eres goloso, aprende a tener un tarro de miel y a poner una cu-charadita de postre cada mañana en el café, para endulzarlo, en la tostada o en la galleta. Aprende a cerrar el tarro hasta el día siguien-te, sin malestar.

Aprende a tomar un pedacito de tocino, de chorizo, de morcilla si es lo que te gusta. Aprende a dejar el resto para el día siguiente. Todo tiene que durar.

Si estás en familia y tomáis cocido, aprende a servirte un trocito pequeño de tocino y a mojar un currusco de pan. Te sabrá a gloria, ya lo verás, pero aprende a decir «Ya es bastante» cuando la familia vea que te decides a mojar pan y te animen a continuar mojando.

Aprende a comerte dos empanadillas pequeñas o una normal. Media ración de empanada o un cuarto de pizza (es lo que cabe en un plato de postre). Aprende a dejar el resto para mañana. No pasa nada. Nadie te las va a quitar. Y si te las quitan, podrás comerlas de nuevo cuando quieras.

Aprende a combinar los alimentos con lógica. Si quieres tomar morcilla frita o empanadillas, toma verdura de primer plato, te llena-rá y te dejará menos espacio para lo otro. Si quieres tomar garbanzos fritos o patatas con mayonesa (¿hace falta decir lo del plato de pos-tre?), toma pescado hervido de segundo plato y así compensarás. Un plato fuerte y otro suave.

Aprende a aplicar el sentido común a tu dieta. Media paella no es medio filete. Si, generalmente, tomas un plato de legumbres o de ver-duras y medio filete, cuando decidas tomar paella no te tomes las le-gumbres y media paella. Tómate una ensalada verde y la media pae-lla. Hay que compensar.

Aprende a aceptar un capricho muy de vez en cuando: un bom-bón, un torrezno, una pasta, un pinchito de queso en aceite o de cho-rizo frito. Pero sólo de vez en cuando y uno solo. Y cuando te lo ofrezcan. Nada de comprarlos. Todavía no.

Aprende a utilizar alimentos en su uso normal, por ejemplo la le-che condensada; es decir, aprende a utilizar la leche condensada para poner una cucharadita en el café, no para tomarte el bote a cuchara-das o engullirlo a sorbos.

Aprende a elegir «el más pequeño». Si vas a una fiesta, por ejem-plo, y te presentan una bandeja llena de cosas apetitosas, busca la

más pequeña; siempre que te guste, claro. Si vas al bar y decides tomarte un café con algo, por ejemplo un bollo, elige el más pequeño.
Si tomas un postre dulce en el restaurante, aprende a preguntar al camarero: «¿Qué es lo más pequeño que tienen?» Aprende a pedir
siempre lo más pequeño, sobre todo con las golosinas. No olvides la
asociación entre el tamaño del alimento y la insatisfacción o la saciedad. A estas alturas ya debes haberla roto, pero hay que consolidar
esa ruptura, no sea que la antigua asociación vuelva a instalarse en tu
mente. Recuerda que los reflejos condicionados dejan una huella.

Aprende a tratar cada kilo que pierdas. Como normalmente vas a
perder de uno a tres kilos al mes, aprende a observar cada kilo que te
quitas, a mimarlo, a vigilarlo y a mantenerlo. Pésate, observa bien ese
kilo que ya no tienes. Vuélvete a pesar al cabo de unos días, sobre
todo si sospechas que te has excedido; comprueba que el kilo sigue
faltando, que la pendiente iniciada hacia la marca de peso sigue ahí.
Si has aumentado algo, revisa las cantidades que comes, el estreñimiento o el ejercicio. Aprende a consolidar cada kilo perdido para
que no vuelva y para que puedas iniciar, rebosante de satisfacción y
autoestima, el descenso hacia el siguiente.

CHARLA INTERNA

Cuando vayas a comprar el paquetito de galletas, el bizcocho, la
miel, el alioli, el chorizo, el tocino o lo que sea, cambia la charla interna «¡Cómo me voy a poner!» por algo como esto: «Ya era hora;
hace tiempo que no tomaba esto tan bueno, pero ahora sé dosificarlo
y tengo la seguridad de poder tomar un poco cada día. Voy a disfrutar de lo lindo el momento del día en que me lo tome.»

Cuando te sirvas la cucharada y cierres el tarro, no olvides decirte: «Ya soy como todo el mundo; soy capaz de tener un tarro de miel
o mermelada sobre la mesa del desayuno, sin pensar que me lo tengo
que zampar de una sentada.»

Cuando termines de comer y creas que aún te cabría más, piensa:
«Podría comer más si me forzara, pero luego vendrán el cólico, o las
pesadillas», «En cuanto me levante de la mesa, se me pasa esta sensación» o «Si fuerzo el estómago, volveré a la situación de antes».

Cuando vayas a comprar algo de lo que te gusta (ojo, caprichos todavía no, he dicho aceptar uno de vez en cuando, no comprarlos), puedes decirte: «Esto funciona; las demás personas van a la tienda y compran un *plum-cake* o un par de lonchas de jamón con tocino y no se lo comen todo de una sentada; yo tampoco, por eso puedo comprarlo, ¿quién me lo hubiera dicho hace unos meses?»

REFUERZOS

Recibirás un gran refuerzo cuando adviertas que cierras sin malestar la tapa del frasco de la mermelada o de la mayonesa habiéndote servido una sola cucharadita, y pienses: «¿Quién me lo iba a decir a mí?»

Date cuenta de que, aunque lentamente, pierdes peso sin parar. Quizás un kilo al mes, pero pierdes. Y ya no pasas hambre.

Observa que la media ración ya es suficiente, aunque a veces tu percepción te engañe y te haga creer que es poco. Cuando tomes el plato que te corresponde, te habrás llenado. Ya lo verás y si no es que has cambiado de etapa antes de tiempo.

Como ya hace meses que sigues el método, es mucho más difícil volver atrás.

La gente te lo nota y te lo dice. Has perdido peso y es obvio. Enhorabuena.

Puedes comprar miel, mermelada, bizcocho, cortezas de cerdo, mantequilla, morcilla o panceta. Lo miras sin ansiedad. No tienes que devorarlo, sino dosificarlo despacio. Nadie te lo va a quitar.

Has aprendido a saborear la comida.

Pruébate ropa de una talla menor a la habitual. No digo que compres, sino que te pruebes. Lo de comprar o no es cosa tuya; el refuerzo estriba en probarte una talla menos y en comprobar que te sirve.

OBSTÁCULOS

Un obstáculo grande a vencer son las tentaciones de forzar el estómago y comer más. Ni hablar. Piensa que se volverá a dilatar y habrás perdido todo lo ganado.

Como ya te has quitado los primeros kilos, no olvides a los sabo-
teadores, que volverán a la carga, diciéndote que ya está bien, que ya
has adelgazado bastante y que te comas el plato entero de fabada o
los huevos con tocino. De ninguna manera. La palabra «ya» está
proscrita. No hay «ya».

Esto es una continuidad y para siempre. Además, no se trata de
querer, sino de poder; porque, a estas alturas, el plato entero de fabada o los huevos con tocino te pueden provocar una pesadez de estómago que no vale la pena.

Atención a la decepción y a la impaciencia. Si en la primera etapa
te habías acostumbrado a perder peso de forma ostensible, en ésta te
puedes pasar una semana o dos pesando lo mismo, porque la pérdida
es muy lenta. Pero vuelvo a repetirte que la lentitud es la clave de la
duración. Ningún proceso se consolida en dos días.

CONTROLES

Hemos quedado en que la pérdida lenta sigue siendo pérdida. Si
sales de vacaciones y comes cosas del grupo 2 o incluso del 3 (en pequeñas cantidades, atención), comprobarás que no engordas ni adel-
gazas. Eso significa que ahí está la medida de tu mantenimiento. Pero
como ahora de lo que se trata es de perder, reduce cantidad o elimina
los alimentos que tú sabes.

Pésate al menos cada quince días. Comprueba que pierdes apro-
ximadamente un kilo o dos al mes. Si pierdes más, no creas que es
mejor, sino peor. Recuerda que cuanto más tardes en perder los kilos,
más consolidarás la pérdida y el aprendizaje.

Si estás comiendo bien y pierdes más de lo previsto, consulta a tu
médico y sigue su prescripción. En cualquier caso, el número de kilos que hay que perder al mes puede depender del número total de
kilos a perder.

Haz examen de conciencia cada vez que compruebes que no
pierdes.

Si en vez de perder, aumentas de peso, puede deberse a misterios
metabólicos o a retención de líquido. Si tras el examen de conciencia,
observas que no has cometido ninguna imprudencia grande, conti-

núa tu método y vuélvete a pesar al cabo de ocho o diez días. Si no pierdes, repite el examen de conciencia y busca. Atención a la mantequilla, quizá hay que reducir más o eliminarla; fuera ese tocino, de momento. Cuando pierdas peso, lo vuelves a incorporar, pero una vez a la semana y un pedacito. Si dudas, consulta al médico. Siempre te ayudará a entender lo que te pasa y te orientará.

No te olvides del ejercicio. Si nunca antes habías hecho deporte y empezaste en la primera etapa, qué duda cabe de que habrás notado mayor agilidad y potencia. No te mates, pero no lo dejes.

Atención al estreñimiento. Vigílate.

Hazte examinar por tu médico y asegúrate de que estás comiendo lo que tienes que comer y bebiendo lo que tienes que beber. Mira que no te falte nada, no tengamos conflictos al final.

Un control sumamente importante es el siguiente: cuando te prepares para tomarte el cuarto de pizza, recuerda los tiempos en que te tomabas ésta entera, más un filete con patatas y unas natillas de postre. ¿Qué te hace sentir ese recuerdo? Si sientes orgullo, todo está en orden y marcha por donde tiene que marchar. Si sientes nostalgia, algo está fallando. Analízate. Hay problemas de ansiedad. ¿Echas de menos comer más cantidad o comer cosas más ricas? Falta motivación o refuerzo. Vuelve a examinarte, ¿te compensa perder peso y poder dejar para siempre la saya para vestir prendas normales? ¿Te compensa seguir el método para convertirte en una persona de peso normal? Busca lo que falla.

Podría, incluso, haber un matiz depresivo ¿No será que piensas que no merece la pena tanto esfuerzo para tan poco? ¿Quién te ha fallado? ¿Qué hay de tu autoestima? ¿Ya no te quieres? ¿Por qué? ¿Qué has hecho?

Desde luego que hay un sinfín de preguntas a plantearse que no caben en este libro, pero puede que éstas te den una pista.

FIN DE LA ETAPA

Al igual que la anterior, la segunda etapa toca a su fin una vez logradas las metas. Cuando el peso alcanzado sea el propuesto en el objetivo obligatorio, cuando te sientas capaz de tomar una galleta y no angustiarte al dejar el resto en la caja, cuando pase el camarero en el cóctel con la bandeja llena de cosas apetitosas y te limites a tomar una sin desear tomarlas todas a la vez, entonces sabrás que ha finalizado la segunda etapa.

En realidad, es como para ponerte en un pedestal.

Capítulo 8
Tercera etapa

ℰNHORABUENA. Esta etapa es la penúltima, porque la última es el resto de tu vida. Lo sabías, ¿verdad? Pero si has llegado hasta aquí, bien puedes seguir, porque merece la pena.

Ya te queda poco. El aprendizaje está prácticamente completado; falta mirar hacia delante y fijar las pautas para la etapa definitiva, que es la siguiente.

Además, podría incluso decirse que esta tercera etapa es voluntaria, porque su meta es alcanzar el objetivo ideal, que el obligatorio ya está logrado. Verás que el resto es «pan comido».

DIETA

Seguiremos para siempre con nuestra dieta mediterránea en plato de postre, saboreando los alimentos sin privarnos de nada, disfrutando del cocido, de la ropa vieja, de las migas, de la bollería y del buen vino. Y en esta etapa, como nos lo hemos merecido, incorporaremos caprichos de forma esporádica, pero adrede, es decir, no es ya que aceptemos alguno cuando nos lo ofrezcan, sino que nos daremos el gustazo de ir ex profeso a la tienda de *delicatessen* a regalarnos con algo bueno.

METAS

Esta etapa tiene tres metas:

1. Alcanzar el objetivo ideal, es decir, llegar al peso maravilloso propuesto desde el principio. ¿Cuánto? ¿Cincuenta, sesenta,

setenta, ochenta kilos? ¡Adelante! Ahora va a resultar fácil. Sólo es cuestión de tiempo.

2. Prever el futuro, es decir, la forma de mantenernos para siempre en ese peso decidido. Porque no vamos a estar adelgazando toda la vida, claro.

3. No permitir que el estómago se dilate lo más mínimo.

APRENDIZAJE

Aprende a buscar el momento oportuno para darte un capricho. No te los des a tontas y a locas, porque perderán su función de refuerzo. Si has hecho algo importante, si has firmado ese contrato, si has conseguido que el niño se matricule, si has aprobado el examen, si has logrado algo que te habías propuesto, date un capricho. Te lo has ganado a pulso. No sólo por ese logro, sino por haber llegado hasta aquí.

Aprende a ir a comprarte el capricho y a elegirlo. Uno solo, pero, eso sí, el mejor: la mejor salsa de roquefort, la mejor crema, la tartaleta más apetecible, los bombones más deleitosos, el mejor whisky. Aprende a tomar uno y a compartir el resto con tu familia y amigos. Si sobran, los regalas o te guardas dos o tres para tomarlos en días sucesivos; uno al día.

Aprende a saborear un bombón, un canapé de caviar, un trocito de turrón, un polvorón, un montadito de tocino frito o un dedito (horizontal) de whisky.

Aprende a deleitarte con uno solo y a dejar el resto.

Aprende a saber que tienes una caja de bombones, un tarro de caviar, una pastilla de turrón, un paquete de tocino, una ristra de chorizos, morcillas de arroz, salsa de nata o una botella de Drambuie. Los tienes y te tomas uno de vez en cuando.

CHARLA INTERNA

A estas alturas, la charla interna deberá de estar automatizada. Cuando vayas a una fiesta o un acontecimiento social, apenas necesi-

tarás decirte: «Puedo comer de todo, pero un poquito.» Aunque, si es preciso, repítelo.

Repítete hasta la saciedad: «Soy como todo el mundo, puedo tener bombones y pinchos de morcilla en casa; soy capaz de comprar lo que sea y de no morirme de ansiedad por comérmelo.»

No olvides reforzar la nueva asociación entre la cantidad de comida y la saciedad. Sigue repitiéndote: «Es mucho. A ver si puedo con ello o tendré que dejar un poco.» Si tienes con quien compartirlo, compártelo.

REFUERZOS

Has llegado prácticamente al final. Si eres mujer, te habrás quitado la saya para ponerte faldas y pantalones ajustados con blusas, no con blusones talares. Si eres hombre, las mujeres te mirarán por la calle con el rabillo del ojo. O te mirarás tú en los espejos callejeros para admirar tu nueva figura y lo bien que te sienta la ropa.

Has aprendido y sabes la manera de controlar tu conducta alimentaria. ¿Recuerdas cuando mirabas con envidia y rabia a la gente que se compraba una pastilla de turrón o una ristra de choricillos de los de freír? Ahora tú también puedes.

Se acabó el considerar que hay alimentos prohibidos. Todo está permitido, puesto que todo lo sabes comer. Nunca más sufrirás meses o semanas sin probar los canapés, el tocino de jamón, la mantequilla, las migas con torreznos, las gachas de harina de almortas (cosa fina), el turrón, el chocolate, la nata, el queso extragraso..., lo que te guste.

Loores. Has alcanzado tu meta y estás a punto de lograr la última, la definitiva. Cuando corones el peso ideal que te habías propuesto, ya te puedes comprar toda la ropa que nunca te compraste, esperando este momento.

Hazte fotografías, películas, mírate al espejo desde todos los ángulos.

Cuéntale a la gente que te has quitado tantos y tantos kilos y enséñale fotos de cómo eras antes.

Visita a tu médico y recibe sus plácemes.

Obstáculos

Esta etapa es más corta y, como es voluntaria y además el aprendiza-je está prácticamente terminado, hay menos obstáculos que salvar.
Pero hay que evitar descuidarse y caer en la euforia siguiente.
Cuando la autoestima se eleva, puede haber una tendencia a subesti-mar los riesgos, a creer que lo tenemos todo ganado. No somos in-munes al peligro. Ojo. Atención al abismo de Rousseau. Atención a la huella de las asociaciones y condicionamientos de los perros de Pavlov.
La tentación de celebrarlo todo con una gran comilona puede provenir de ti mismo o de tus familiares o amigos. Atención: el estó-mago se ha reducido de tamaño, pero igual que se redujo se puede volver a dilatar.
Otro obstáculo importante que se puede presentar en tu carrera hacia la meta final es la tentación de los caprichos. Dado que has aprendido a comer dulces, chorizo frito, tocino, pringues u otros ali-mentos que siempre tuviste prohibidos, ahora puedes comerlos. Pero no te dejes llevar por la tentación de comerlos cualquier día y a cual-quier hora. Piensa que eso puede convertirse en hábito y que, el día que no puedas comerlos, su falta te puede generar ansiedad. Si has aprendido a utilizarlos como premio, sigue así. Prémiate con un ca-pricho de goloso, pero no los utilices sin otro objetivo que satisfacer-te. Te pueden hacer volver a las andadas.

Controles

Pésate una vez al mes. Como ya te quedan pocos kilos que per-der, tan pronto consolides la última pérdida de peso habrás logrado la meta. Y digo tan pronto consolides porque ya habrás comprobado que a veces se pierde un kilo y luego, al pesarte al cabo de unos días, resulta que el kilo ha vuelto y que después, siguiendo firmemente adelante con el método, el kilo se va y la balanza inicia un leve des-censo.
Atención a la composición de las comidas. Todo lo aprendido a lo largo del método sigue siendo válido. Media paella junto con me-

dio filete pueden no engordar ni dilatar el estómago un día, pero son incongruentes con la filosofía aprendida. Si lo que quieres es darte un gusto, dátelo cualitativo, no cuantitativo. Es decir, en vez de aumentar la cantidad de ingesta, sustituye un postre por un dulce o un segundo plato por un chorizo frito, pero no acumules cantidades, no dejes que tu estómago vuelva a las andadas.

Comprueba qué has estado comiendo (cualitativa y cuantitativamente) en los períodos en que tu peso se ha estabilizado. Conviene saber qué haces cuando no pierdes peso, para ponerlo en práctica (si es adecuado, claro) en la cuarta etapa, en la que ya no hay que perder nada de nada.

No hay que descuidar el estreñimiento ni el ejercicio. Ni el agua. Ni la visita al médico, por si falta algo importante en la dieta.

FIN DE LA ETAPA

Cuando llegues al peso ideal propuesto, cuando sepas muy bien qué es lo que te puede engordar si te excedes y cuando compruebes que tu estómago no tolera la menor transgresión sin protestar, habrás finalizado esta etapa.

Enhorabuena otra vez.

Capítulo 9

Cuarta y última etapa

*E*STA ETAPA es la última y, por tanto, la definitiva, pues ha de durar hasta el fin de la vida; para siempre jamás. Es la etapa en que se consolida la liberación de la tiranía de la ansiedad ante la comida; del malestar culpable ante la tentación; de comer a escondidas de uno mismo; de sentirse fatal fisiológica y psicológicamente; de los regímenes y de las prohibiciones; de mirar con ojos de carnero degollado los escaparates de ciertas tiendas; de sentir una punzada en la autoestima cuando alguien tiene una caja de bombones y no se los come todos a la vez, ni siquiera se le ocurre esa posibilidad.

Y como esta etapa se ha de prolongar hasta el fin de la vida, lógicamente conlleva una serie de pautas a seguir, que son las que ya hemos aprendido a lo largo de este tiempo de seguimiento del método más las aportaciones propias y ajenas.

DIETA

La dieta mediterránea en plato de postre y los extras, cuando los haya, en platillo de café. Puedes comer absolutamente de todo, menos lo que te prohíba el médico.

METAS

Esta etapa tiene tres metas:

1. Mantener el peso hasta el fin de los tiempos.

2. Mantener el tamaño y la capacidad del estómago hasta el fin de los tiempos.
3. Mantener la dieta sana que hemos practicado.

APRENDIZAJE

Has aprendido tantas cosas, que sólo te queda aprender a no des-aprenderlas. Porque no hemos de olvidar que la conducta alimenta-ria inadecuada que te llevó a la obesidad fue también el resultado de un aprendizaje, que tuviste que desaprender y reemplazar por la nue-va conducta.

Aun así, quedan algunas cosas que aprender.

Aprende a no bajar la guardia. El aprendizaje erróneo anterior duró muchos años y éste no ha durado apenas.

Aprende a considerar que «eres así» y no «como eras antes». Aquello de la gordura, del abandono al desenfreno, del malcomer, de las indigestiones, de la fatiga, etc., forman parte de una página de tu vida que has pasado.

Aprende a no subestimar los peligros. Haz caso a Rousseau. El abandono pasajero puede conducir al abismo. Comer en exceso varios días terminará por dilatar de nuevo el estómago. Darse to-dos los caprichos terminará por generar ansiedad cuando no los haya.

CHARLA INTERNA

Acomoda tu charla interna, ahora que sabes cómo hacerlo, siem-pre que te encuentres ante una dificultad que te pueda llevar hacia el peligro. Será tu mejor recurso.

REFUERZOS

Ahora te puedes procurar todos los refuerzos que desees: la ropa, el narcisismo, la autoestima o la admiración de los demás. Todo sirve.

CUARTA Y ÚLTIMA ETAPA

El gran refuerzo es saber que nada está vedado, que nada engorda y que de nada hay que privarse, toda vez que sabes cómo comerlo.

OBSTÁCULOS

A lo largo de la vida, quién sabe los obstáculos que habrá que salvar. Pero no cabe duda de que el aprendizaje realizado es un bagaje que ha de acompañarnos siempre, recordándonos en cada momento que la tentación está ahí. Y ahora ya sabemos que la tentación no es un cocido montañés, una morcilla leonesa o una fuente de torrijas. Ahora sabemos que la tentación es comernos un plato grande, forzar las delicadas y elásticas paredes de nuestra cavidad estomacal y hacerlas dilatarse imperceptiblemente, apenas unos milímetros, pero que, si no lo remediamos, será el inicio de la pendiente hacia el abismo de Rousseau.

CONTROLES

Hay que continuar pesándose, al menos cada quince días, y comprobar que todo está en orden.

En caso de pérdida de peso, conviene analizar la dieta, aumentar algo si falta o consultar al médico, que nunca viene mal ese control.

En caso de aumento de peso, aplica el examen de conciencia, da marcha atrás inmediatamente en la conducta inadecuada y corrige el rumbo.

Un dato muy importante a tener en cuenta es que nunca has de subestimar una señal de alarma. Si algún día te excedes con la comida y no sientes malestar ni pesadez, no lo subestimes; no creas que es «porque hoy tengo un día más así o más asá». Nada de eso. Si te has excedido y tu estómago no protesta, presta atención: algo terrible puede estar sucediendo; puede ser que te estés volviendo a acostumbrar a comer mucho, que se te estén dilatando de nuevo las paredes estomacales o que tu organismo esté cambiando algo. Atájalo antes de que se produzca la catástrofe de volver atrás. En realidad, no es fácil recuperar los malos hábitos después de tanto tiempo, pero sí es

factible. Lo bueno es que, como ya has adquirido una conducta diferente, resulta más fácil mantenerla que cambiarla. Presta atención,
por tanto, al día que te excedas sin notar pesadez de estómago, molestia o algo semejante. Eso ha de ser lo que dispare la alarma, aún
más que el aumento de peso. Es más fácil perder un par de kilos que
reducir el estómago un centímetro (por dentro, no por fuera).

Y como esta etapa no tiene fin, excuso el epígrafe. Sólo me queda
felicitarte.

Bibliografía

De la inteligencia y del placer. La dietética del cerebro, de Boure, Editorial Mondadori.

Diccionario de Psiquiatría, de Antoine Porot, Editorial Labor.

Introducción a la psiquiatría, de J. A. Vallejo-Nájera, Editorial Científico-Médica.

JANO, en prensa. *La cocina de los sentidos. La inteligencia y los sentimientos del arte culinario,* de Miguel Sánchez Romera, Editorial Planeta.

La motivación, de J. Nuttin, Editorial Proteo.

La revolución dietética del Doctor Atkins, de Robert C. Atkins, Ediciones Grijalbo.

Manual diagnóstico y estadístico de los trastornos mentales, American Psychiatric Association, Editorial Masson.

Medicina Clínica, en prensa.

Medicina y salud, Equipo médico del Banco de Sangre de la Cruz Roja de Barcelona, Círculo de Lectores.

Mundo Científico, núm. 213, junio 2000.

Nutrición y Salud, de Francisco Grande Covián, Círculo de Lectores.

Psicología y vida, de Floyd L. Ruch, Editorial Trillas.

Psicopatología general, de Carmelo Monedero, Biblioteca Nueva.

OTRAS NOVEDADES

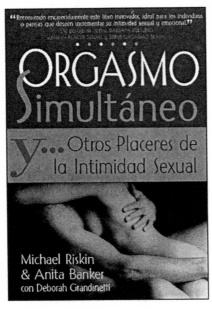

ORGASMO SIMULTÁNEO
Y otros placeres
de la intimidad sexual

MICHAEL RISKIN
Y ANITA BANKER-RISKIN

Con este libro, tú y tu compañero o compañera os embarcaréis en un viaje inigualable de exploración sexual. Aprender a conocerse sexualmente es un proceso delicioso, y comprobaréis que una vez que abráis los canales de placer de vuestro cuerpo y consigáis mantener un alto grado de excitación, seréis capaces de llegar al orgasmo juntos cuando lo deseéis.

FENG SHUI TAOÍSTA
Los antiguos secretos del arte
chino de la ubicación

SUSAN LEVITT

Una guía extraordinaria del feng shui desde la perspectiva taoísta, que incluye la brújula lo p'an y el *I Ching*, así como la relación entre el feng shui y la astrología taoísta. Tras un recorrido por la historia del feng shui y de los principios que sustentan la filosofía taoísta, podremos elegir los mejores colores para cada habitación de la casa, la ubicación del mobiliario, etc., así como las ideas para crear paz, armonía, salud, riqueza y buena suerte.

Si deseas recibir información gratuita sobre nuestras novedades

- Manda un fax

o

- Manda un e-mail

o

- Escribe

o

- Recorta y envía esta página a:

 **Neo Person**

C/ Alquimia, 6
28933 Móstoles (Madrid)
Tel.: 91 614 53 46 / 91 617 08 67
Fax: 91 617 97 14
e-mail: contactos@alfaomega.es

Toda la información, novedades, tienda...
la encontrarás en:
www.alfaomega.es

Nombre: ....

Primer apellido: ....

Segundo apellido: ....

Domicilio: ....

Código Postal: ....

Población: ....

País: ....

Teléfono: ....

Fax: ....

Adelgazar para siempre